# 企业税务管理手册

张建峰　夏学英　主编

中国财经出版传媒集团
中国财政经济出版社

**图书在版编目（CIP）数据**

企业税务管理手册／张建峰，夏学英主编．—北京：中国财政经济出版社，2018.8

ISBN 978－7－5095－8435－4

Ⅰ．①企…　Ⅱ．①张…　②夏…　Ⅲ．①企业管理－税收管理－中国－手册　Ⅳ．①F812.423－62

中国版本图书馆 CIP 数据核字（2018）第 180726 号

责任编辑：卢元孝　　　　责任印制：刘春年
封面设计：孙丽铭　　　　责任校对：李　丽

中国财政经济出版社 出版

**URL**：http：//www.cfeph.cn

E－mail：cfeph@cfeph.cn



社址：北京市海淀区阜成路甲 28 号　邮政编码：100142

营销中心电话：010－88191537　北京财经书店电话：64033436　84041336

中煤（北京）印务有限公司印刷　各地新华书店经销

710×1000 毫米　16 开　13.75 印张　260 000 字

2018 年 8 月第 1 版　2018 年 8 月北京第 1 次印刷

定价：58.00 元

ISBN 978－7－5095－8435－4

（图书出现印装问题，本社负责调换）

本社质量投诉电话：010－88190744

**打击盗版举报热线：010－88191661　QQ：2242791300**

# 编　委　会

# 前言

随着国家税务管理体制改革的不断深入，对企业税务管理工作的要求越来越高。为加强企业内部税控管理，帮助财税人员更好地掌握企业税务政策，规范日常涉税事项操作，我们依据国家现行税收法律法规，通过大量需求调研，结合工作实践，以税种为主线，以一问一答的方式组织编写了《企业税务管理手册》，以期为企业财务人员日常工作提供参考。目前，按照国务院改革方案，国地税将合并，非税收入将纳入税收管理，我们将根据这一税收征管体制的重大变革，逐步努力将企业非税收入管理纳入本手册。本手册编制过程中得到了河北尤尼泰税务师事务所和冀中能源峰峰集团有限公司有关领导和税管人员的大力支持，在此表示感谢！

本手册不足之处，恳请广大读者批评指正。

张建峰　高文赞　胡山林　徐淑芳　吉军锴

米　礼　王　娟　马腾龙　黄雪峰

2018年5月

# 目录

# 第一章　发票相关知识

## 一、发票的作用

发票，是指在购销商品、提供或者接受服务以及从事其他经营活动中，开具、收取的收付款凭证。

## 二、2018 年 1 月最新发票种类、票样、适用范围及注意事项（详见附件）

## 三、发票项目填写不全、非税控清单等不合规情况不能税前扣除

《中华人民共和国发票管理办法》第二十一条

不符合规定的发票，不得作为财务报销凭证，任何单位和个人有权拒收。

《中华人民共和国发票管理办法实施细则》第二十八条

单位和个人在开具发票时，必须做到按照号码顺序填开，填写项目齐全，内容真实，字迹清楚，全部联次一次打印，内容完全一致，并在发票联和抵扣联加盖发票专用章。

《关于进一步加强普通发票管理工作的通知》（国税发〔2008〕80 号）

在日常检查中发现纳税人使用不符合规定发票特别是没有填开付款方全称的发票，不得允许纳税人用于税前扣除、抵扣税款、出口退税和财务报销。

《关于印发〈增值税普通发票管理办法［试行］〉的通知》（冀国税发〔2007〕156 号）

开具发票时，购买方信息栏内容根据购买方性质填写：当购买方为企业性质纳税人或个体经营者时，购买方信息栏内容应填写齐全，不得漏项；当购买方为行政事业单位时，应填写纳税人名称、地址栏，其他项目可不填；当购买方为其他个人时，应填写购货人名称，其他项目可不填。

《关于增值税发票开具有关问题的公告》（国家税务总局公告 2017 年第 16 号）

自2017年7月1日起，购买方为企业的，索取增值税普通发票时，应向销售方提供纳税人识别号或统一社会信用代码；销售方为其开具增值税普通发票时，应在“购买方纳税人识别号”栏填写购买方的纳税人识别号或统一社会信用代码。不符合规定的发票，不得作为税收凭证。

《关于印发〈增值税普通发票管理办法试行〉的通知》（冀国税发〔2007〕156号）

纳税人销售货物或者提供应税劳务可汇总开具增值税普通发票。汇总开具发票的，要同时使用防伪税控系统开具《销售货物或者提供应税劳务清单》（附件四），并加盖财务专用章或者发票专用章。

《关于增值税专用发票管理有关事项的公告》（河北省国家税务局2013年第9号）

1. 一般纳税人销售货物或者提供应税劳务，因商品种类多超过发票开具栏次的，可汇总开具增值税专用发票。汇总开具时，必须同时使用防伪税控系统开具《销售货物或者提供应税劳务清单》，并加盖发票专用章。

2. 纳税人不使用防伪税控系统开具《销售货物或者提供应税劳务清单》的，主管税务机关应按照《中华人民共和国税收征收管理法》第六十条第五款规定执行。

（第六十条　纳税人有下列行为之一的，由税务机关责令限期改正，可以处2000元以下的罚款；情节严重的，处2000元以上1万元以下的罚款：（五）未按照规定安装、使用税控装置，或者损毁或者擅自改动税控装置的。）

3. 纳税人取得非防伪税控系统开具的《销售货物或者提供应税劳务清单》的，应主动退回并要求开具方使用防伪税控系统开具。对在规定限期内换取防伪税控系统开具的《销售货物或者提供应税劳务清单》的，方可抵扣进项税额。否则，按照《中华人民共和国增值税暂行条例》第九条规定执行。

（第九条　纳税人购进货物、劳务、服务、无形资产、不动产，取得的增值税扣税凭证不符合法律、行政法规或者国务院税务主管部门有关规定的，其进项税额不得从销项税额中抵扣。）

《关于转发中纪委〈关于坚决制止开具虚假发票公款报销行为的通知〉的通知》（国税函〔2003〕230号）

财务报销必须规范报销凭证，附正规发票，如果采购商品较多，货物名称、单价、数量等不能在发票中详细反映，还应附供应商提供的明细清单。

以上要求不仅限于办公用品的购置，对会议费、培训费、印制费、物业管理、维修、劳务、软件开发、设备租赁、车辆保险等各项费用的支出，亦应按以上要求办理。

## 四、“营改增”后发票备注栏相关规定

企业收到以下发票，一定要检查备注栏：差额征税开票功能、建筑服务、销售和出租不动产、异地代开、货物运输服务等业务开具发票时备注栏的填写规定。

《关于全面推开营业税改征增值税试点有关税收征收管理事项的公告》（国家税务总局公告 2016 年第 23 号）

按照现行政策规定适用差额征税办法缴纳增值税，且不得全额开具增值税发票的（财政部、税务总局另有规定的除外），纳税人自行开具或者税务机关代开增值税发票时，通过新系统中差额征税开票功能，录入含税销售额（或含税评估额）和扣除额，系统自动计算税额和不含税金额，备注栏自动打印“差额征税”字样，发票开具不应与其他应税行为混开。

提供建筑服务，纳税人自行开具或者税务机关代开增值税发票时，应在发票的备注栏注明建筑服务发生地县（市、区）名称及项目名称。

销售不动产，纳税人自行开具或者税务机关代开增值税发票时，应在发票“货物或应税劳务、服务名称”栏填写不动产名称及房屋产权证书号码（无房屋产权证书的可不填写），“单位”栏填写面积单位，备注栏注明不动产的详细地址。

出租不动产，纳税人自行开具或者税务机关代开增值税发票时，应在备注栏注明不动产的详细地址。

国税机关为跨县（市、区）提供不动产经营租赁服务、建筑服务的小规模纳税人（不包括其他个人）代开增值税发票时，在发票备注栏中自动打印“YD”（注：异地）字样。

《关于停止使用货物运输业增值税专用发票有关问题的公告》（国家税务总局公告 2015 年第 99 号）

增值税一般纳税人提供货物运输服务，使用增值税专用发票和增值税普通发票，开具发票时应将起运地、到达地、车种车号以及运输货物信息等内容填写在发票备注栏中，如内容较多可另附清单。

## 五、发票的作废与冲红

《关于印发〈增值税普通发票管理办法试行〉的通知》第十一条（冀国税发〔2007〕156 号）

纳税人在开具发票当期发生销货退回、开票有误等情形，收到退回的发票联

符合作废条件的，将相应的数据电文（含未打印的发票）在防伪税控开票系统中按“作废”处理，纸质发票各联次上注明“作废”字样，全联次留存；开具时发现有误的，可即时作废。

第十二条　同时具有下列情形的，为本办法所称作废条件：

1. 收到退回的发票联时间为销售方开票当期；

2. 未抄税且未记账。

《关于修订〈增值税专用发票使用规定〉的通知》（国税发〔2006〕156号）

第十三条　一般纳税人在开具专用发票当月，发生销货退回、开票有误等情形，收到退回的发票联、抵扣联符合作废条件的，按作废处理；开具时发现有误的，可即时作废。

作废专用发票须在防伪税控系统中将相应的数据电文按“作废”处理，在纸质专用发票（含未打印的专用发票）各联次上注明“作废”字样，全联次留存。

第二十条　同时具有下列情形的，为本规定所称作废条件：

1. 收到退回的发票联、抵扣联时间未超过销售方开票当月；

2. 销售方未抄税并且未记账；

3. 购买方未认证或者认证结果为“纳税人识别号认证不符”“专用发票代码、号码认证不符”。

《关于红字增值税发票开具有关问题的公告》（国家税务总局公告2016年第47号）

1. 增值税专用发票作废与冲红。

增值税一般纳税人开具增值税专用发票（以下简称“专用发票”）后，发生销货退回、开票有误、应税服务中止等情形但不符合发票作废条件，或者因销货部分退回及发生销售折让，需要开具红字专用发票的，按以下方法处理：

（1）购买方取得专用发票已用于申报抵扣的，购买方可在增值税发票管理新系统（以下简称“新系统”）中填开并上传《开具红字增值税专用发票信息表》（以下简称《信息表》，详见附件），在填开《信息表》时不填写相对应的蓝字专用发票信息，应暂依《信息表》所列增值税税额从当期进项税额中转出，待取得销售方开具的红字专用发票后，与《信息表》一并作为记账凭证。

购买方取得专用发票未用于申报抵扣、但发票联或抵扣联无法退回的，购买方填开《信息表》时应填写相对应的蓝字专用发票信息。

销售方开具专用发票尚未交付购买方，以及购买方未用于申报抵扣并将发票联及抵扣联退回的，销售方可在新系统中填开并上传《信息表》。销售方填开《信息表》时应填写相对应的蓝字专用发票信息。

（2）主管税务机关通过网络接收纳税人上传的《信息表》，系统自动校验通过后，生成带有“红字发票信息表编号”的《信息表》，并将信息同步至纳税人端系统中。

（3）销售方凭税务机关系统校验通过的《信息表》开具红字专用发票，在新系统中以销项负数开具。红字专用发票应与《信息表》一一对应。

（4）纳税人也可凭《信息表》电子信息或纸质资料到税务机关对《信息表》内容进行系统校验。

2. 税务机关为小规模纳税人代开专用发票需要开具红字专用发票的，按照一般纳税人开具红字专用发票的方法处理。

3. 纳税人需要开具红字增值税普通发票的，可以在所对应的蓝字发票金额范围内开具多份红字发票。红字机动车销售统一发票需与原蓝字机动车销售统一发票一一对应。

## 六、发票丢失怎么处理

《关于印发〈增值税普通发票管理办法试行〉的通知》（冀国税发〔2007〕156号）

对丢失已开具的增值税普通发票，购买方可凭销售方主管国税机关开具的《丢失增值税普通发票已报税证明单》（附件五）和记账联复印件到购买方主管国税机关验证相符后，凭记账联复印件及《验证结果通知书》作为记账凭证。

《关于简化增值税发票领用和使用程序有关问题的公告》（国家税务总局公告2014年第19号）

一般纳税人丢失已开具专用发票的发票联和抵扣联，如果丢失前已认证相符的，购买方可凭销售方提供的相应专用发票记账联复印件及销售方主管税务机关出具的《丢失增值税专用发票已报税证明单》或《丢失货物运输业增值税专用发票已报税证明单》（附件1、附件2，以下统称《证明单》），作为增值税进项税额的抵扣凭证；如果丢失前未认证的，购买方凭销售方提供的相应专用发票记账联复印件进行认证，认证相符的可凭专用发票记账联复印件及销售方主管税务机关出具的《证明单》，作为增值税进项税额的抵扣凭证。专用发票记账联复印件和《证明单》留存备查。

一般纳税人丢失已开具专用发票的抵扣联，如果丢失前已认证相符的，可使用专用发票发票联复印件留存备查；如果丢失前未认证的，可使用专用发票发票联认证，专用发票发票联复印件留存备查。

一般纳税人丢失已开具专用发票的发票联，可将专用发票抵扣联作为记账凭证，专用发票抵扣联复印件留存备查。

《关于被盗、丢失增值税专用发票有关问题的公告》（国家税务总局公告2016年第50号）

为方便纳税人，税务总局决定取消纳税人的增值税专用发票发生被盗、丢失时必须统一在《中国税务报》上刊登“遗失声明”的规定。

## 七、代开发票相关规定

《关于印发〈税务机关代开增值税专用发票管理办法（试行）〉的通知》（国税发〔2004〕153号）

第十条　代开发票岗位应按下列要求填写专用发票的有关项目：

1. “单价”栏和“金额”栏分别填写不含增值税税额的单价和销售额；

2. “税率”栏填写增值税征收率；

3. 销货单位栏填写代开税务机关的统一代码和代开税务机关名称；

4. 销方开户银行及账号栏内填写税收完税凭证号码；

5. 备注栏内注明增值税纳税人的名称和纳税人识别号。

其他项目按照专用发票填开的有关规定填写。

第十一条　增值税纳税人应在代开专用发票的备注栏上，加盖本单位的财务专用章或发票专用章。

《关于增值税专用发票管理有关事项的公告》（河北省国家税务局2013年第9号）

1. 增值税小规模纳税人向主管税务机关申请代开增值税专用发票时，应提供以下资料：

（1）《代开增值税专用发票缴纳税款申报单》或《代开货物运输业增值税专用发票缴纳税款申报单》；

（2）税务登记证或临时税务登记证副本；

（3）经办人合法身份证明复印件；

（4）相关合同、协议原件及复印件，或受票方出具的业务真实性声明原件及复印件。

3. 商贸小规模纳税人申请代开增值税专用发票，金额超过 1 万元的，必须提供代开增值税专用发票所售货物购进时的进货发票原件（同时提供复印件两份）。代开发票后，代开发票岗人员在进货发票原件及复印件上加盖“已代开专用发票印章”，发票原件退回小规模纳税人，复印件一份作为代开资料留存，一份传递给税源管理部门。对使用同一张进货发票向主管税务机关申请多次代开专用发票的，代开发票货物数量应等于或小于进货发票数量，不得超总量代开。

4. 主管国税机关代开增值税专用发票时，应认真审核纳税人提供的资料，符合下列要求的准予代开：

（1）提供的资料齐全；

（2）对持临时税务登记证副本申请代开的从事货物运输的纳税人，起运地或到达地一方为本辖区；

（3）运输工具已备案，申请代开金额在已备案运输工具的合理运力范围之内。

《国家税务总局关于加强和规范税务机关代开普通发票工作的通知》（国税函〔2004〕1024 号）

申请代开发票的范围与对象

申请代开发票的单位和个人应当凭有关证明材料，向主管税务机关申请代开普通发票。

1. 凡已办理税务登记的单位和个人，应当按规定向主管税务机关申请领购并开具与其经营业务范围相应的普通发票。但在销售货物、提供应税劳务服务、转让无形资产、销售不动产以及税法规定的其他商事活动（餐饮、娱乐业除外）中有下列情形之一的，可以向主管税务机关申请代开普通发票：

（1）纳税人虽已领购发票，但临时取得超出领购发票使用范围或者超过领用发票开具限额以外的业务收入，需要开具发票的；

（2）被税务机关依法收缴发票或者停止发售发票的纳税人，取得经营收入需要开具发票的；

（3）外省（自治区、直辖市）纳税人来本辖区临时从事经营活动的，原则上应当按照《税务登记管理办法》的规定，持《外出经营活动税收管理证明》，向经营地税务机关办理报验登记，领取发票自行开具；确因业务量小、开票频度低的，可以申请经营地税务机关代开。

2. 正在申请办理税务登记的单位和个人，对其自领取营业执照之日起至取得税务登记证件期间发生的业务收入需要开具发票的，主管税务机关可以为其代开发票。

3. 应办理税务登记而未办理的单位和个人，主管税务机关应当依法予以处理，并在补办税务登记手续后，对其自领取营业执照之日起至取得税务登记证件期间发生的业务收入需要开具发票的，为其代开发票。

4. 依法不需要办理税务登记的单位和个人，临时取得收入，需要开具发票的，主管税务机关可以为其代开发票。

代开普通发票应指定专人负责，一般应使用计算机开具，并确保开票记录完整、准确、可靠存储，不可更改；暂无条件使用计算机开具的，也可手工填开。无论使用计算机开具还是手工填开，均须加盖税务机关代开发票专用章，否则无效。代开发票专用章的规格和式样比照《国家税务总局关于使用公路、内河货物运输业统一发票有关问题的通知》（国税函〔2004〕557 号）的有关规定执行。

对申请代开发票的单位和个人，应当按照税收法律、法规的有关规定征收税款和收取发票工本费。代开的普通发票上要注明完税凭证号码；同时代征税款的完税凭证上要注明代开的普通发票号码。

申请代开发票经营额达不到省、自治区、直辖市税务机关确定的按次起征点的，只代开发票，不征税。但根据代开发票记录，属于同一申请代开发票的单位和个人，在一个纳税期内累计开票金额达到按月起征点的，应在达到起征点的当次一并计算征税。

《关于发布〈代开普通发票管理办法（试行）〉的公告》第四条（河北省国家税务局 2013 年第 13 号）

农业生产者自产自销初级农产品需要代开普通发票，并免征税款的，应在农产品生产地主管国税机关申请代开。

《关于发布〈货物运输业小规模纳税人申请代开增值税专用发票管理办法〉的公告》（国家税务总局公告 2017 年第 55 号）

第三条　纳税人在境内提供公路或内河货物运输服务，需要开具增值税专用发票的，可在税务登记地、货物起运地、货物到达地或运输业务承揽地（含互联网物流平台所在地）中任何一地，就近向国税机关（以下称代开单位）申请代开增值税专用发票。

第四条　纳税人应将营运资质和营运机动车、船舶信息向主管税务机关进行备案。

第五条　完成上述备案后，纳税人可向代开单位申请代开增值税专用发票，并向代开单位提供以下资料：

1.《货物运输业代开增值税专用发票缴纳税款申报单》（以下简称《申报单》，见附件）。

2. 加载统一社会信用代码的营业执照（或税务登记证或组织机构代码证）复印件。

3. 经办人身份证件及复印件。

## 八、自开发票小规模纳税人要避免四个误区

目前，小规模纳税人自行开具增值税专用发票（以下简称专票）试点范围，已涵盖住宿业、鉴证咨询业、建筑业、工业、信息传输、软件和信息技术服务业。对于小规模纳税人自行开具专票问题，存在不少误区，不仅纳税人认识上有误区，部分税务人员也存在这样的误区。

《关于在境外提供建筑服务等有关问题的公告》（国家税务总局公告 2016 年第 69 号）

《关于开展鉴证咨询业增值税小规模纳税人自开增值税专用发票试点工作有关事项的公告》（国家税务总局公告 2017 年第 4 号）

《关于进一步明确营改增有关征管问题的公告》（国家税务总局公告 2017 年第 11 号）

《关于增值税发票管理若干事项的公告》（国家税务总局公告 2017 年第 45 号）

**误区一：可以自开，也可以申请**。

对于住宿业、鉴证咨询业、建筑业、工业、信息传输、软件和信息技术服务业。列入自开专票试点的小规模纳税人，只能自行开具专票，不得申请税务机关为其代开。对于这一点，部分税务机关认识上也有误区，认为可以让纳税人自开，也可以由税务机关为其代开。部分地区税务机关被上级检查时发现，存在违规为小规模纳税人代开专票的问题，上级税务机关要求其严格按照文件规定规范代开行为，杜绝违规代开现象的发生。

**误区二：所有业务都要自开，不能代开**。

试点小规模纳税人发生的所有业务是不是都要自行开具专票，不能到税务机关申请代开呢？答案是否定的。文件规定，试点小规模纳税人销售其取得的不动产，需要开具增值税专用发票的，仍须向地税机关申请代开，不得自行开具。需要注意的是，试点小规模纳税人出租不动产，需要开具专用发票的，自行开具，不需要向税务机关申请代开。

**【例】** A 酒店是小规模纳税人，2017 年 8 月提供住宿服务取得收入 20 万元，

另外，出售一处门面房取得收入 100 万元，出租一处房产取得租金 10 万元。对于住宿服务和出租不动产需要开具专票的，由酒店自行开具；转让不动产需要开具专票的，应到地税机关申请代开。

**误区三：只有特定服务可自开，其他业务申请代开。**

部分财务人员认为，试点小规模纳税人只有提供住宿、鉴证咨询、建筑服务、工业、信息传输、软件和信息技术服务业，才可以自行开具专票，发生其他应税行为不能自开而只能申请代开。上述观点是错误的。69 号文件规定，住宿业小规模纳税人提供住宿服务、销售货物或发生其他应税行为，需要开具专票的，可以通过增值税发票管理新系统自行开具，主管国税机关不再为其代开。4 号文件规定，提供认证服务、鉴证服务、咨询服务、销售货物或发生其他增值税应税行为，需要开具专票的，可以自行开具。11 号文件规定，提供建筑服务、销售货物或发生其他增值税应税行为，需要开具专票的，通过增值税发票管理新系统自行开具。也就是说，上述试点行业小规模纳税人，不仅是提供住宿、鉴证咨询和建筑等服务可以自行开具发票，如果其发生兼营行为，比如销售货物或其他应税行为，需要开具专票的，均自行开具，税务机关不再为其代开（转让不动产除外）。

**【例】**B 建筑公司是小规模纳税人，2017 年 7 月提供建筑服务取得收入 15 万元，另外，该公司还兼营建筑材料销售，销售材料取得收入 5 万元。对于该建筑公司，不仅是 15 万元的建筑工程款可自行开具专票，兼营的销售材料收入 5 万元需要开具专票的，也由 B 公司自行开具，无需申请代开，税务机关也不应为其代开。

**误区四：所有小规模纳税人都可以自开专票。**

值得注意的是，不是在所有的情形下，试点行业小规模纳税人都要自行开具专票。这里讨论的是不达起征点纳税人专用发票的开具问题。69 号、4 号、11 号、45 号文件规定，月销售额超过 3 万元（或季销售额超过 9 万元）的上述行业小规模纳税人，需要开具增值税专用发票的，通过增值税发票管理新系统自行开具，主管国税机关不再为其代开。对于月销售额未超过 3 万元（或季销售额未超过 9 万元）的小规模纳税人，需要开具专票的，仍须向税务机关申请代开，不能自行开具。

**【例】**C 税务师事务所 2017 年 4 月成立，为增值税小规模纳税人，按季申报。2017 年第二季度提供咨询等服务共取得营业收入 8 万元。按 4 号文件规定，这种情形下，季度销售额未超过 9 万元，C 税务师事务所如果需要开具专票，只能向主管国税机关申请代开，不能自行开具。

## 九、发票认证期限

《关于进一步明确营改增有关征管问题的公告》（国家税务总局公告2017年第11号）

自2017年7月1日起，增值税一般纳税人取得的2017年7月1日及以后开具的增值税专用发票和机动车销售统一发票，应自开具之日起360日内认证或登录增值税发票选择确认平台进行确认，并在规定的纳税申报期内，向主管国税机关申报抵扣进项税额。

## 十、索取增值税专用发票时，是否需要提供营业执照、增值税一般纳税人登记表等相关证件

《国家税务总局关于进一步优化营改增纳税服务工作的通知》（税总发〔2016〕75号）

各地税务机关要认真做好增值税发票开具方面的政策宣传，消除社会上对增值税发票开具方面的误解。增值税纳税人购买货物、劳务、服务、无形资产或不动产，索取增值税专用发票时，须向销售方提供购买方名称（不得为自然人）、纳税人识别号、地址电话、开户行及账号信息，不需要提供营业执照、税务登记证、组织机构代码证、开户许可证、增值税一般纳税人登记表等相关证件或其他证明材料。个人消费者购买货物、劳务、服务、无形资产或不动产，索取增值税普通发票时，不需要向销售方提供纳税人识别号、地址电话、开户行及账号信息，也不需要提供相关证件或其他证明材料。

## 十一、虚开发票相关规定

《关于修改〈中华人民共和国发票管理办法实施细则〉的决定》第二十六条（国家税务总局令2014年第37号）

填开发票的单位和个人必须在发生经营业务确认营业收入时开具发票。未发生经营业务一律不准开具发票。

《中华人民共和国发票管理办法》（国务院令2010年第587号）

开具发票应当按照规定的时限、顺序、栏目，全部联次一次性如实开具，并加盖发票专用章。

任何单位和个人不得有下列虚开发票行为：

1. 为他人、为自己开具与实际经营业务情况不符的发票；

2. 让他人为自己开具与实际经营业务情况不符的发票；

3. 介绍他人开具与实际经营业务情况不符的发票。

销售商品、提供服务以及从事其他经营活动的单位和个人，对外发生经营业务收取款项，收款方应当向付款方开具发票；特殊情况下，由付款方向收款方开具发票。

第二十四条 《办法》第十九条所称特殊情况下，由付款方向收款方开具发票，是指下列情况：

1. 收购单位和扣缴义务人支付个人款项时；

2. 国家税务总局认为其他需要由付款方向收款方开具发票的。

《国家税务总局关于走逃（失联）企业开具增值税专用发票认定处理有关问题的公告》（国家税务总局公告2016年第76号）

1. 走逃（失联）企业存续经营期间发生下列情形之一的，所对应属期开具的增值税专用发票列入异常增值税扣税凭证（以下简称“异常凭证”）范围。

（1）商贸企业购进、销售货物名称严重背离的；生产企业无实际生产加工能力且无委托加工，或生产能耗与销售情况严重不符，或购进货物并不能直接生产其销售的货物且无委托加工的。

（2）直接走逃失踪不纳税申报，或虽然申报但通过填列增值税纳税申报表相关栏次，规避税务机关审核比对，进行虚假申报的。

2. 增值税一般纳税人取得异常凭证，尚未申报抵扣或申报出口退税的，暂不允许抵扣或办理退税；已经申报抵扣的，一律先作进项税额转出。

## 十二、容易引起虚开怀疑的情形有哪些

1. 销售地、采购地距离偏远。

2. 所开发票对方经营范围不符，金额与经营能力不符。

3. 发票价税合计金额为整。

## 十三、企业接受虚开的增值税专用发票有哪些处罚规定

利用虚开的增值税专用发票抵扣税款或者骗取出口退税的，构成虚开增值税专用发票罪。



《刑法》第二百零五条 虚开增值税专用发票或者虚开用于骗取出口退税、

抵扣税款的其他发票的，处三年以下有期徒刑或者拘役，并处二万元以上二十万元以下罚金；虚开的税款数额较大或者有其他严重情节的，处三年以上十年以下有期徒刑，并处五万元以上五十万元以下罚金；虚开的税款数额巨大或者有其他特别严重情节的，处十年以上有期徒刑或者无期徒刑，并处五万元以上五十万元以下罚金或者没收财产。

## 十四、什么情况不属于虚开？如何降低接受虚开的风险

1. 什么情况不属于虚开？

纳税人通过虚增增值税进项税额偷逃税款，但对外开具增值税专用发票同时符合以下情形的，不属于对外虚开增值税专用发票：

（1）纳税人向受票方纳税人销售了货物，或者提供了增值税应税劳务、应税服务；

**解读：**纳税人对外开具的销售货物的增值税专用发票，纳税人应当拥有货物的所有权，包括以直接购买方式取得货物的所有权，也包括“先卖后买”方式取得货物的所有权。所谓“先卖后买”，是指纳税人将货物销售给下家在前，从上家购买货物在后。

（2）纳税人向受票方纳税人收取了所销售货物、所提供应税劳务或者应税服务的款项，或者取得了索取销售款项的凭据；

（3）纳税人按规定向受票方纳税人开具的增值税专用发票相关内容，与所销售货物、所提供应税劳务或者应税服务相符，且该增值税专用发票是纳税人合法取得、并以自己名义开具的。

**解读：**以挂靠方式开展经营活动在社会经济生活中普遍存在，挂靠行为如何适用本公告，需要视不同情况分别确定。第一，如果挂靠方以被挂靠方名义，向受票方纳税人销售货物、提供增值税应税劳务或者应税服务，应以被挂靠方为纳税人。被挂靠方作为货物的销售方或者应税劳务、应税服务的提供方，按照相关规定向受票方开具增值税专用发票，属于本公告规定的情形。第二，如果挂靠方以自己名义向受票方纳税人销售货物、提供增值税应税劳务或者应税服务，被挂靠方与此项业务无关，则应以挂靠方为纳税人。这种情况下，被挂靠方向受票方纳税人就该项业务开具增值税专用发票，不在本公告规定之列。

受票方纳税人取得的符合上述情形的增值税专用发票，可以作为增值税扣税凭证抵扣进项税额。

**【政策依据】**《关于纳税人对外开具增值税专用发票有关问题的公告》（国家税务总局公告 2014 年第 39 号）

2. 如何降低接受虚开的风险？

纳税人购进货物或应税劳务，支付运输费用，所支付款项的单位，必须与开具抵扣凭证的销货单位、提供劳务的单位一致，才能够申报抵扣进项税额，否则不予抵扣。

根据上述政策要求真实的商品购销需要“实物流、发票流、资金流”三方面一致。

第一，实物流，需要购销合同、运输合同、运输方式、验收单、过泵单、出入库手续等各方面口径一致，标注产品数量、名称、型号、单价、金额、质量标准等。销售产品的应与企业经营范围相符。

第二，发票流，发票的开具应与购销合同标注的信息一致，包括销售单位名称、税号、开户行、账号、发票专用章等。

第三，资金流，需要尽可能地通过银行汇款方式支付，与销售合同口径一致；如果涉及银行承兑的，应背书连续，并取得汇票背书各个环节的复印件资料，确保收款单位与开票单位一致。

**【例】**甲公司从 A 企业购进钢材，销售给 B 企业，产品直接从 A 企业发往 B 企业，B 企业承担运费。

那么，甲公司跟 A 企业的购销合同运输方式应为购货方自提货物，跟 B 企业签订的购销合同运输方式为需方自提。并根据 B 企业的验收结果确认发货数量。甲公司采购钢材货款直接由甲公司支付给 A 企业，甲公司销售钢材直接从 B 公司收款。因为是 B 公司负担运费，运输发票的发货人应该是甲企业，收货人是 B 公司，备注栏注明起止地为 A 企业所在地到 B 企业所在地。

## 十五、什么是滞留票和失控票，如何处理

失控票：就是失去控制的发票。

失控票产生的原因：（1）未按时报税；（2）企业走逃；（3）丢失空白专用发票。

失控票的税收处理：

（1）销货方已申报纳税。根据《国家税务总局关于失控增值税专用发票处理的批复》（国税函〔2008〕607 号）规定，购买方主管税务机关对认证发现的失控发票，应按照规定移交稽查部门组织协查。属于销售方已申报并缴纳税款

的，可由销售方主管税务机关出具书面证明，并通过协查系统回复购买方主管税务机关，该失控发票可作为购买方抵扣增值税进项税额的凭证。

（2）销货方未申报纳税。若销货方未报税或未申报纳税，按照现有政策，购买方取得的失控发票不得抵扣相应的进项税额，已经抵扣的应当作进项税额转出。国家税务总局公告2016年第76号关于走逃（失联）企业开具增值税专用发票认定处理有关问题的公告增值税一般纳税人取得异常凭证，尚未申报抵扣或申报出口退税的，暂不允许抵扣或办理退税；已经申报抵扣的，一律先作进项税额转出。

（3）丢失空白发票。根据《发票管理办法实施细则》第三十一条规定："使用发票的单位和个人应当妥善保管发票。发生发票丢失情形时，应当于发现丢失当日书面报告税务机关，并登报声明作废"。然后填报《发票丢失被盗登记表》，持IC卡到国税主管机关办理电子发票退回或作废手续。

税务机关对丢失空白普通发票的纳税人，可以按《发票管理办法》第三十六条"未按照规定保管发票的"情形，由税务机关责令限期改正，可以并处1万元以下的罚款。

滞留票：滞留票是指销售方已开出，并已抄税、报税，而购货方没进行认证抵扣的增值税专用发票。

滞留票产生的原因：

（1）发票丢失未认证。管理不善造成发票流失或邮寄过程中丢失。

（2）销货方拒绝提供发票。通常情况是由于购货方久拖不付相关购货款，销货方以此种方式追讨款项。若发票开具后360天购货方依然未收到发票，则形成滞留票。

（3）两头不入账偷逃税款。部分纳税人隐瞒销售收入，对于取得的增值税专用发票不予抵扣进项，造成滞留票的形成。

（4）收票方为小规模纳税人或其他没有资格取得增值税专用发票的企业，如营改增之前的房地产企业、建筑企业等。

（5）其他：如取得财务不允许报销的增值税费用专票。

滞留票的税收处理：

（1）发票丢失未认证。若超过360天未认证，则形成滞留票，无法抵扣相应进项税额，企业可以根据留存的发票联或销货方提供的记账联复印件进行所得税前成本费用的扣除。

（2）销货方拒绝提供发票。若发票开具后360天购货方依然未收到发票，则无法抵扣相应进项税额，相应的成本亦无法进行扣除。

（3）两头不入账偷逃税款。通常情况下滞留票信息极易取得，税务机关通过抄报税数据与认证数据比对即可发现。若发现利用滞留票两头不入账进行偷税的情形，除了补缴相应的增值税税款、所得税税款、滞纳金，查补罚款以外，还有可能面临承担刑事责任的风险。

（4）收票方为小规模纳税人或其他没有资格取得增值税专用发票的企业。《中华人民共和国增值税暂行条例》第二十一条规定，纳税人销售货物或者应税劳务，应当向索取增值税专用发票的购买方开具增值税专用发票，并在增值税专用发票上分别注明销售额和销项税额。属于下列情形之一的，不得开具增值税专用发票：A. 向消费者个人销售货物或者应税劳务的。B. 销售货物或者应税劳务适用免税规定的。《国家税务总局关于修订〈增值税专用发票使用规定〉的通知》（国税发〔2006〕156 号）第十条规定，商业企业一般纳税人零售的烟、酒、食品、服装、鞋帽（不包括劳保专用部分）、化妆品等消费品，不得开具专用发票。销售免税货物不得开具专用发票。

对于购买方为小规模纳税人或非增值税纳税人的情形，只要该笔货物销售交易不属于以上情形，销货方就可以开具增值税专用发票。但购货方取得后不得抵扣进项税额，相应的成本费用可以在所得税前全额扣除。

（5）企业内部制定报销管理制度，降低滞留票引起的税务局关注度。

另外，普通发票也有可能存在滞留的情形。虽然普通发票没有抄税报税信息，普通发票的滞留信息难以取得，但随着总局的《商品和服务分类与代码》的使用以及金税三期的运行，农产品收购发票等据以计算抵扣的滞留票信息的取得将不费吹灰之力。

## 十六、劳务派遣公司开具的发票有何要求

《开票要求关于加强劳务派遣公司发票管理的通知》（冀地税函〔2014〕85 号）

劳务派遣公司为用工单位开具发票的前提是双方形成劳务派遣关系。根据劳务派遣的性质和要求，劳务派遣公司和用工单位必须以两个合同为基础才能构成劳务派遣关系，一是劳务派遣公司与用工单位的劳务派遣合同或具有合同性质的协议，二是劳务派遣公司与被派遣劳动者签订的劳动合同。劳务派遣公司接受用工单位委托，为其安排劳动力，凡用工单位将其应支付给劳动力的工资和为劳动力缴纳的社会保险（包括养老保险金、医疗保险、失业保险、工伤保险等）以及住房公积金统一交给劳务派遣公司代为发放或办

理的，劳务派遣公司可就全部金额开具发票。在开具发票时，应将管理费、工资、保险及住房公积金分不同项目列明金额；凡用工单位自己支付劳动力工资和缴纳社会保险及住房公积金的，劳务派遣公司只能就其实际收取的管理费用开具发票。

具有劳务派遣资质的建筑施工企业，其承揽的纯劳务分包业务，依据国税函〔2006〕493号文件的规定，凡是以提供的工程量与工程发包方统一结算价款的属于建筑业应税劳务，不适用上述发票开具规定。

劳务派遣公司要严格按照实际经营业务开具发票，不得虚开、转借、非法代开发票。

《财政部　国家税务总局关于进一步明确全面推开营改增试点有关劳务派遣服务、收费公路通行费抵扣等政策的通知》（财税〔2016〕47号）

1. 一般纳税人提供劳务派遣服务，可以选择差额纳税，以取得的全部价款和价外费用，扣除代用工单位支付给劳务派遣员工的工资、福利和为其办理社会保险及住房公积金后的余额为销售额，按照简易计税方法依5%的征收率计算缴纳增值税。

2. 小规模纳税人提供劳务派遣服务，可以选择差额纳税，以取得的全部价款和价外费用，扣除代用工单位支付给劳务派遣员工的工资、福利和为其办理社会保险及住房公积金后的余额为销售额，按照简易计税方法依5%的征收率计算缴纳增值税。

发票开具：纳税人提供劳务派遣服务，选择差额纳税的，向用工单位收取用于支付给劳务派遣员工工资、福利和为其办理社会保险及住房公积金的费用，不得开具增值税专用发票，可以开具增值税普通发票。

纳税人提供安全保护服务，比照劳务派遣服务政策执行。

实际操作时：

首先应判定纳税人类型，根据类型不同分为一般纳税人（适用5%和6%的适用税率）和小规模纳税人（适用3%和5%的适用税率）。

其次应判定是否使用差额征收，使用差额征收的税率为5%，不使用差额征收的税率为3%和6%。

一般纳税人认定标准：如年销售额超过500万元（包括可扣除支付给劳务派遣员工工资、福利和为其办理社会保险及住房公积金的费用）应认定为一般纳税人。

一般纳税人：月申报销售额应以取得的全部价款和价外费用为销售额，按照一般计税方法6%计算缴纳增值税；但也可以选择差额纳税，以取得的全部价款和价外费用，扣除代用工单位支付给劳务派遣员工的工资、福利和为其办理社会保险及住房公积金后的余额为销售额，按照简易计税方法依5%的征收率计算缴纳增值税。

小规模纳税人：季度销售额以这一季度取得的全部价款和价外费用为销售额，按照简易计税方法依3%的征收率计算缴纳增值税；也可以选择差额纳税，以取得的全部价款和价外费用，扣除代用工单位支付给劳务派遣员工的工资、福利和为其办理社会保险及住房公积金后的余额为销售额，按照简易计税方法依5%的征收率计算缴纳增值税。

关于开票：差额部分可以开具增值税专用发票，扣除代用工单位支付给劳务派遣员工的工资、福利和为其办理社会保险及住房公积金后的余额为销售额开具增值税普通发票时，税率栏应选“0”，开具的增值税普通发票税率栏和税额栏均为空，金额栏应等于价税合计栏。

**特别注意：**选择差额纳税的纳税人，向用工单位收取用于支付给劳务派遣员工工资、福利和为其办理社会保险及住房公积金的费用，不得开具增值税专用发票，可以开具普通发票。但差额部分可以开具增值税专用发票。

**【例】**劳务派遣公司收1000元，其中100元为管理费，900元工资，然后900元再支付出去，相当于收了100元，所以只允许差额100元开专票，900元只能开普票。

## 十七、物业管理服务公司开具的发票有何要求

《关于物业管理服务中收取的自来水水费增值税问题的公告》（国家税务总局公告2016年第54号）

提供物业管理服务的纳税人，向服务接受方收取的自来水水费，以扣除其对外支付的自来水水费后的余额为销售额，按照简易计税办法依3%的征收率计算缴纳增值税。

**注意：**并非只有物业公司才适用简易征收政策，凡提供物业服务的纳税人都可以享受。

## 十八、通行费发票开具的最新规定有哪些

《财政部税务总局关于租入固定资产进项税额抵扣等增值税政策的通知》（财税〔2017〕90号）

自2018年1月1日起，纳税人支付的道路、桥、闸通行费，按照以下规定抵扣进项税额：

1. 纳税人支付的道路通行费，按照收费公路通行费增值税电子普通发票上注明的增值税额抵扣进项税额。

2018年1月1日至6月30日，纳税人支付的高速公路通行费，如暂未能取得收费公路通行费增值税电子普通发票，可凭取得的通行费发票（不含财政票据，下同）上注明的收费金额按照下列公式计算可抵扣的进项税额：

高速公路通行费可抵扣进项税额 = 高速公路通行费发票上注明的金额 ÷ (1 + 3%) × 3%

2018年1月1日至12月31日，纳税人支付的一级、二级公路通行费，如暂未能取得收费公路通行费增值税电子普通发票，可凭取得的通行费发票上注明的收费金额按照下列公式计算可抵扣进项税额：

一级、二级公路通行费可抵扣进项税额 = 一级、二级公路通行费发票上注明的金额 ÷ (1 + 5%) × 5%

2. 纳税人支付的桥、闸通行费，暂凭取得的通行费发票上注明的收费金额按照下列公式计算可抵扣的进项税额：

桥、闸通行费可抵扣进项税额 = 桥、闸通行费发票上注明的金额 ÷ (1 + 5%) × 5%

《交通运输部　国家税务总局关于收费公路通行费增值税电子普通发票开具等有关事项的公告》（交通运输部公告2017年第66号）

二、通行费电子发票开具流程

（一）办理ETC卡或用户卡。ETC卡或用户卡是指面向社会公开发行的用于记录用户、车辆信息的IC卡，其中ETC卡具有收费公路通行费电子交费功能。客户可以携带有效身份证件及车辆行驶证前往ETC客户服务网点办理ETC卡或用户卡，具体办理要求请咨询各省（区、市）ETC客户服务机构。

（二）发票服务平台账户注册。客户登录发票服务平台网站www.txffp.com或"票根"APP，凭手机号码、手机验证码免费注册，并按要求设置购买方信息。客户如需变更购买方信息，应当于发生充值或通行交易前变更，确保开票信息真实准确。

（三）绑定ETC卡或用户卡。客户登录发票服务平台，填写ETC卡或用户卡办理时的预留信息（开户人名称、证件类型、证件号码、手机号码等），经校验无误后，完成 ETC 卡或用户卡绑定。

（四）发票开具。客户登录发票服务平台，选取需要开具发票的充值或消费交易记录，申请生成通行费电子发票。发票服务平台免费向用户提供通行费电子发票及明细信息下载、转发、预览、查询等服务。

三、通行费电子发票开具规定

（一）通行费电子发票分为以下两种：

1. 左上角标识“通行费”字样，且税率栏次显示适用税率或征收率的通行费电子发票（以下称征税发票）。

2. 左上角无“通行费”字样，且税率栏次显示“不征税”的通行费电子发票（以下称不征税发票）。

（二）ETC 后付费客户和用户卡客户索取发票的，通过经营性收费公路的部分，在发票服务平台取得由收费公路经营管理单位开具的征税发票；通过政府还贷性收费公路的部分，在发票服务平台取得暂由 ETC 客户服务机构开具的不征税发票。

（三）ETC 预付费客户可以自行选择在充值后索取发票或者实际发生通行费用后索取发票。

在充值后索取发票的，在发票服务平台取得由 ETC 客户服务机构全额开具的不征税发票，实际发生通行费用后，ETC 客户服务机构和收费公路经营管理单位均不再向其开具发票。

客户在充值后未索取不征税发票，在实际发生通行费用后索取发票的，通过经营性收费公路的部分，在发票服务平台取得由收费公路经营管理单位开具的征税发票；通过政府还贷性收费公路的部分，在发票服务平台取得暂由 ETC 客户服务机构开具的不征税发票。

（四）未办理 ETC 卡或用户卡的现金客户，暂按原有方式交纳通行费和索取票据。

（五）客户使用 ETC 卡或用户卡通行收费公路并交纳通行费的，可以在实际发生通行费用后第 10 个自然日（遇法定节假日顺延）起，登录发票服务平台，选择相应通行记录取得通行费电子发票；客户可以在充值后实时登录发票服务平台，选择相应充值记录取得通行费电子发票。

（六）发票服务平台应当将通行费电子发票对应的通行明细清单留存备查。

## 十九、企业收到税率为星号的发票，千万别以为是假票



税率为星号的发票（见图 1－1）一般有以下情况：

差额征收：如劳务派遣、安保服务、人力资源外包服务等。

税率减按征收：如私房出租住房，增值税减按 1.5%，核定综合税率。

该发票为私房出租，税率核定，税率和税额都为星号，票面有每月价税合计金额及出租月份数，以及总的价税合计金额。

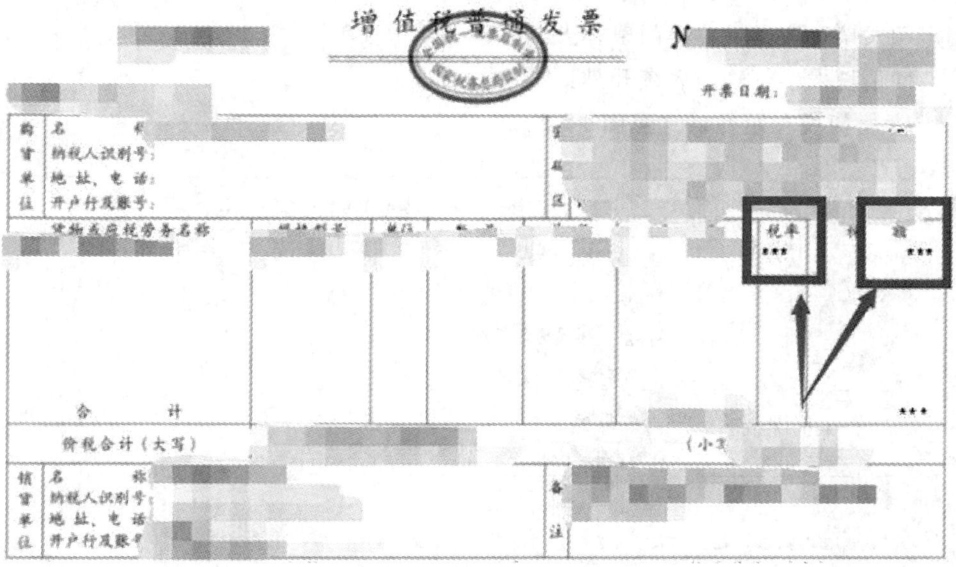
增值税普通发票

N

开票日期：

购货单位　名称　纳税人识别号　地址、电话　开户行及账号

货物或应税劳务名称　税率 ***　税额 ***

合　计　***

价税合计（大写）

销货单位　名称　纳税人识别号　地址、电话　开户行及账号　备注

图 1－1　税率为星号的发票票样

电子发票为什么税率是“＊”，税额是“0”，是免税的发票吗？

电信运营商电子发票符合国税总局相关业务及技术规范，可以通过国家税务局全国增值税发票查验平台进行查验，是正规的国税增值税普通发票。税率为“＊”是由于国家税务局特许运营商电子发票不做价税分离，不是免税业务，不影响收票方正常使用。

免税商品如果使用的是金税盘，税率打印有两种显示：免税或者 0%，税额栏为“＊”号。如果使用的是税控盘，税率和税额栏显示的都是“＊”号。

## 二十、营业税项目补开发票的时限规定有哪些

《国家税务总局关于进一步明确营改增有关征管问题的公告》（国家税务总局公告 2017 年第 11 号）

纳税人 2016 年 5 月 1 日前发生的营业税涉税业务，需要补开发票的，可于 2017 年 12 月 31 日前开具增值税普通发票（税务总局另有规定的除外）。

**发票种类、票样、适用范围及注意事项（重点河北省）**

增值税发票管理新系统开具：增值税专用发票、增值税普通发票（联式、卷式）、增值税电子普通发票、机动车销售统一发票、二手车销售统一发票。

非增值税发票管理新系统开具：通用机打发票（联式：适用于月销售额未超3万的小规模，适时取消该票种；卷式：适用通行费发票、出租车发票等）；通用定额发票；客运发票；门票；火车票；飞机行程单。

增值税发票管理新系统开具：

1. 增值税专用发票（见图1－2）。

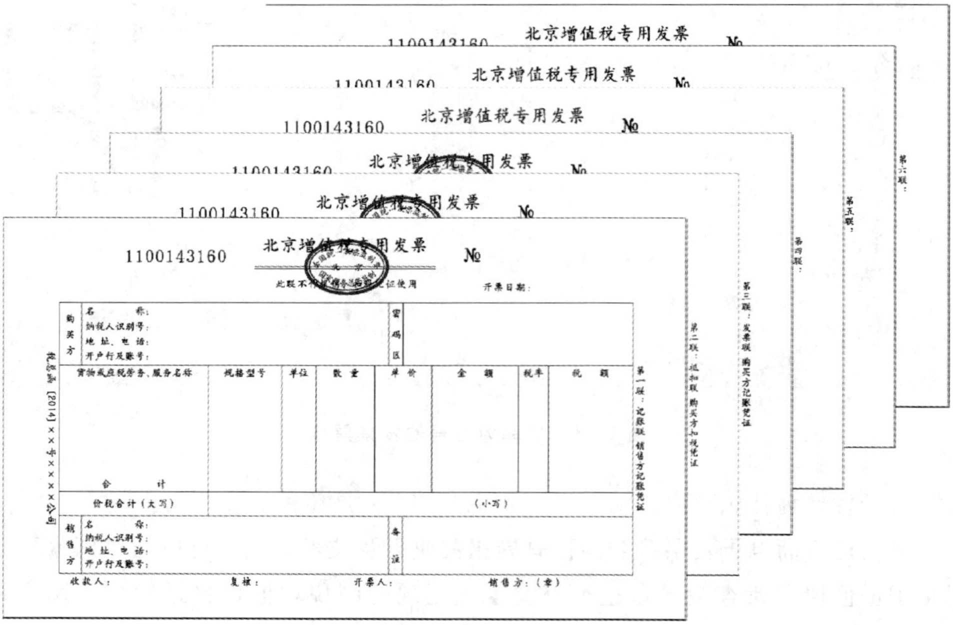


**图1－2　增值税专用发票票样**

**注：**购买方信息必须填列完整，一字不差！

**【政策依据】**税总货便函〔2017〕127号《增值税发票开具指南》

第三，增值税纳税人购买货物、劳务、服务、无形资产或不动产，索取增值税专用发票时，须向销售方提供购买方名称（不得为自然人）、纳税人识别号或统一社会信用代码、地址电话、开户行及账号信息。

第十二，增值税专用发票应按下列要求开具：

（一）项目齐全，与实际交易相符；

（二）字迹清楚，不得压线、错格；

（三）发票联和抵扣联加盖发票专用章；

（四）按照增值税纳税义务的发生时间开具。

不符合上列要求的增值税专用发票，购买方有权拒收。

2. 增值税普通发票（联式）（见图 1－3）。

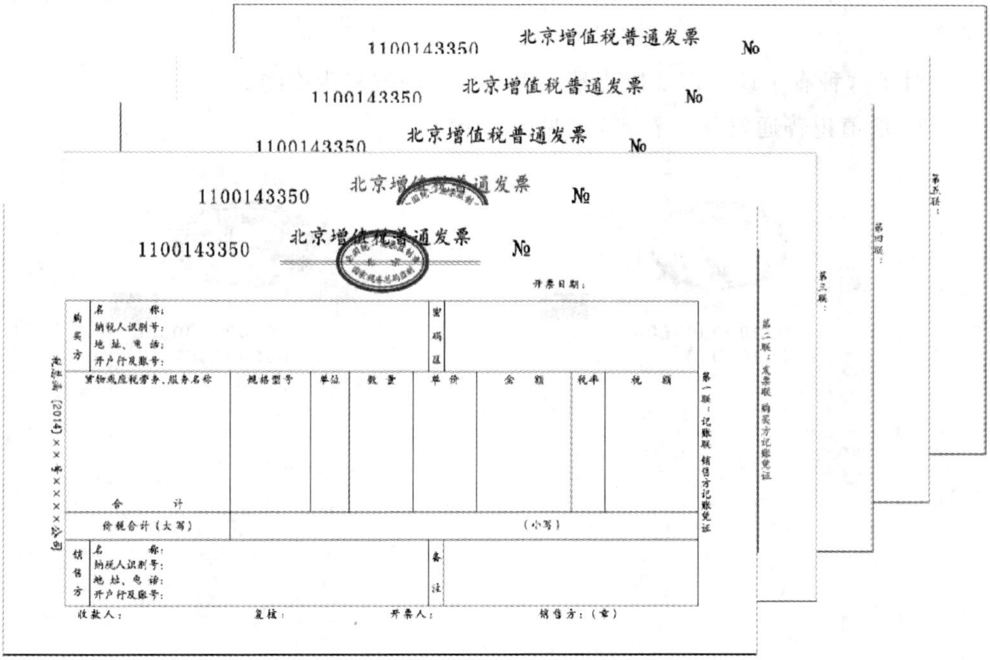


**图 1－3 增值税普通发票（联式）票样**

**注：**购买方名称和纳税人识别号需要填写。

地址电话、开户银行及账号未强制要求填写［这是目前具体执行中一个大家心照不宣的做法］。

国家税务总局公告 2017 年第 16 号，自 2017 年 7 月 1 日起，购买方为企业的，索取增值税普通发票时，应向销售方提供纳税人识别号或统一社会信用代码；销售方为其开具增值税普通发票时，应在“购买方纳税人识别号”栏填写购买方的纳税人识别号或统一社会信用代码。不符合规定的发票，不得作为税收凭证。

当然一部分人的观点是需要填写齐全，主要依据如下：

《中华人民共和国发票管理办法实施细则》

第四条 发票的基本内容包括：发票的名称、发票代码和号码、联次及用途、客户名称、开户银行及账号、商品名称或经营项目、计量单位、数量、单价、大小写金额、开票人、开票日期、开票单位（个人）名称（章）等。

第二十八条　单位和个人在开具发票时，必须做到按照号码顺序填开，填写项目齐全「解读：这里的项目就是指向发票的基本内容」，内容真实，字迹清楚，全部联次一次打印，内容完全一致，并在发票联和抵扣联加盖发票专用章。

对于这种有争议的需要以当地主管税务局的解释为准绳。

3. 增值税普通发票（卷式）（见图 1－4）。

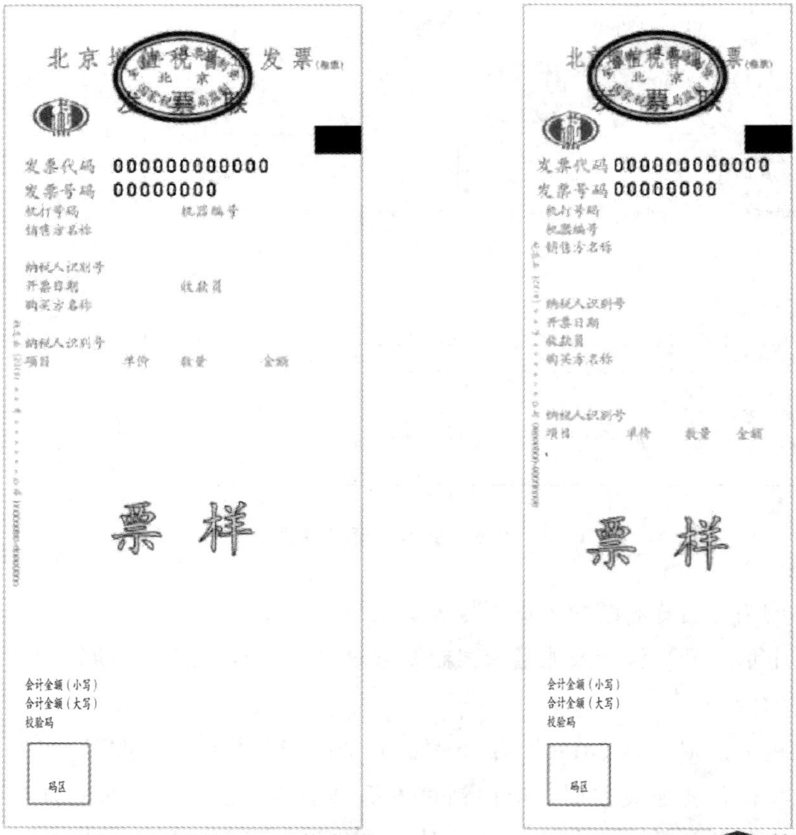


76mm × 177.8mm　　57mm × 177.8m

**图 1－4　增值税普通发票（卷式）票样**

**注：**购买方名称和纳税人识别号需要填写，发票本身也没有设置地址、电话、开户行账号等栏，无须填写。

4. 增值税电子普通发票（见图 1 - 5 和图 1 - 6）。

**XX增值税电子普通发票**

发票代码：
发票号码：
开票日期：
校 验 码：

机器编号：

<table>
<tr><td>购买方</td><td colspan="4">名　　称：<br>纳税人识别号：<br>地址、电话：<br>开户行及账号：</td><td>密码区</td><td colspan="3"></td></tr>
<tr><td colspan="2">货物或应税劳务、服务名称</td><td>规格型号</td><td>单位</td><td>数量</td><td>单价</td><td>金额</td><td>税率</td><td>税额</td></tr>
<tr><td colspan="2">合　　计</td><td></td><td></td><td></td><td></td><td></td><td></td><td></td></tr>
<tr><td colspan="2">价税合计（大写）</td><td colspan="7">（小写）</td></tr>
<tr><td>销售方</td><td colspan="4">名　　称：<br>纳税人识别号：<br>地址、电话：<br>开户行及账号：</td><td>备注</td><td colspan="3"></td></tr>
</table>

收款人：　　复核：　　开票人：　　销售方：（章）

税屋

**图 1 - 5　增值税电子普通发票票样**

**注：**填写规则同增值税普通发票

**XX增值税电子普通发票**

发票代码：
发票号码：
发票日期：
校 验 码：

机器编号：

<table>
<tr><td>购买方</td><td colspan="4">名　　称：<br>纳税人识别号：<br>地址、电话：<br>开户行及账号：</td><td>密码区</td><td colspan="3"></td></tr>
<tr><td colspan="2">项目名称</td><td>车牌号</td><td>类型</td><td>通行日期起</td><td>通行日期止</td><td>金额</td><td>税率</td><td>税额</td></tr>
<tr><td colspan="2">合　　计</td><td></td><td></td><td></td><td></td><td></td><td></td><td></td></tr>
<tr><td colspan="2">价税合计（大写）</td><td colspan="7">（小写）</td></tr>
<tr><td>销售方</td><td colspan="4">名　　称：<br>纳税人识别号：<br>地址、电话：<br>开户行及账号：</td><td>备注</td><td colspan="3"></td></tr>
</table>

收款人：　　复核：　　开票人：　　销售方：（章）

**图 1 - 6　收费公路通行费增值税电子普通发票票样**

5. 机动车销售统一发票（见图 1－7）。

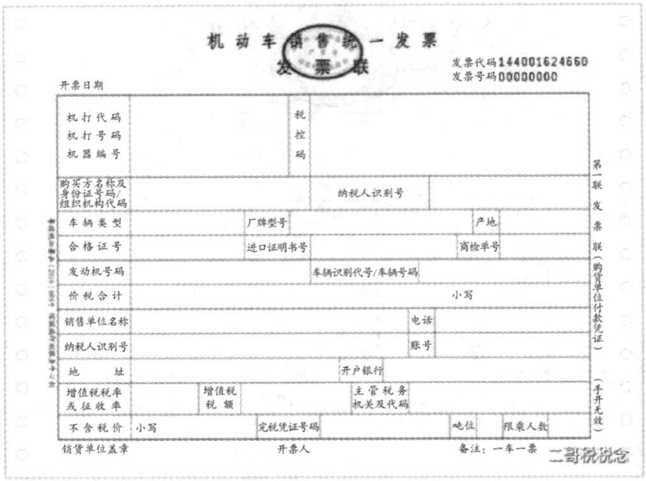


图 1－7　机动车销售统一发票票样

**注：**购买方名称需要填写，纳税人识别号需要填写。购买方地址电话以及开户行账号不需要填写（未设置填写栏）。

**适用范围：**从事机动车零售业务的单位和个人。

6. 二手车销售统一发票（见图 1－8）。

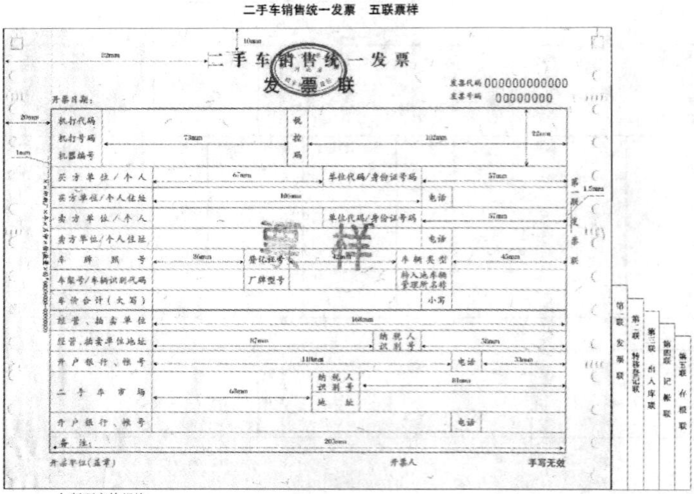


1. 版面字体规格：
票头字体为方正小标宋体，2”号
发票联字体为方正黑体，1号
票面上其他字体为方正楷体，5号
“手写无效”为方正黑体，4”号
2. 成品规格：241mm × 177.8mm，
其中内框尺寸203mm × 131mm

3. 防伪要求：
第一联发票联、棕8色、彩纤防伪纸
第二联转移登记联、蓝色、压感纸
第三联出入库联、紫色、压感纸
第四联记账联、红色、压感纸
第五联存根联、黑色、压感纸

图 1－8　二手车销售统一发票票样

**适用范围：**自2018年4月1日起，二手车交易市场、二手车经销企业、经纪机构和拍卖企业应当通过增值税发票管理新系统开具二手车销售统一发票。

**注：**二手车销售统一发票“车价合计”栏次仅注明车辆价款。二手车交易市场、二手车经销企业、经纪机构和拍卖企业在办理过户手续过程中收取的其他费用，应当单独开具增值税发票。

单位和个人可以登录全国增值税发票查验平台（https：//inv-veri.chinatax.gov.cn），对增值税发票管理新系统开具的二手车销售统一发票信息进行查验。

非增值税发票管理新系统开具：

1. 通用机打发票（联式）（见图1－9）。

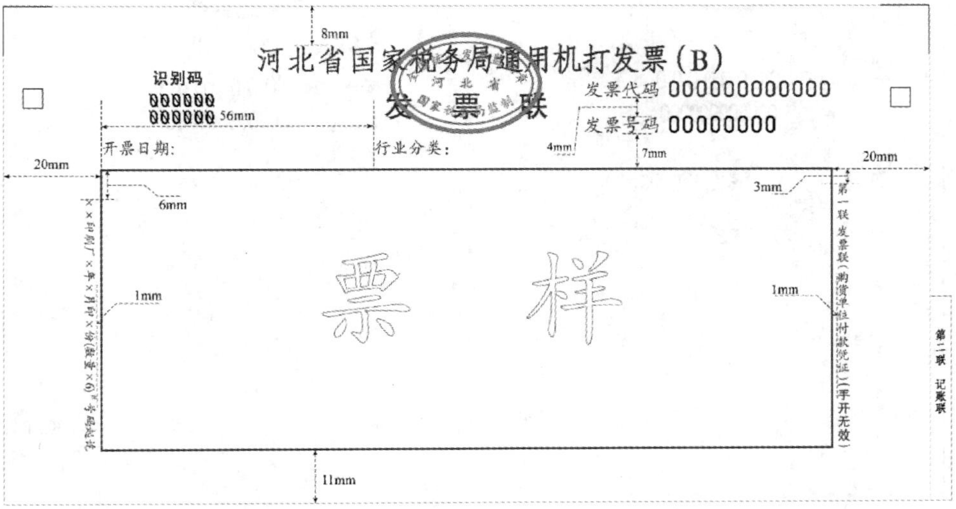


票面尺寸190mm×101.6mm（其中内框尺寸150mm×57mm）
票头字体为方正仿宋体，17.5磅
发票联字体为方正黑体，17.5磅
票面上其他字体为方正楷体，10磅（其中：脚码为7磅，“#”为5磅）
"手开无效"为方正黑体，7.5磅

**图1－9　通用机打发票（联式）票样**

**注：**购买方名称需要填写，纳税人识别号不需要填写。

首先，发票管理办法实施细则中并未规定纳税人识别号是发票的基本内容；其次，16号公告解释也说明这类发票不是16号公告约束的发票类型；最后，该类发票票面打印哪些内容不是由票面决定的，而是开票软件自行设置的相关内容，所以哪怕是设置了纳税人识别号填写栏次，也可以不用填写。

**适用范围：**销售货物、提供加工修理修配劳务月销售额未超过3万元（按季纳税 9 万元），或者销售服务、无形资产月销售额未超过 3 万元（按季纳税 9 万元）的增值税小规模纳税人。

根据增值税发票新系统推广使用情况，适时停止使用该票种。

2. 通用机打发票（卷式）（见图 1－10 和图 1－11）。

河北省国家税务局通用机打发票(N)票样

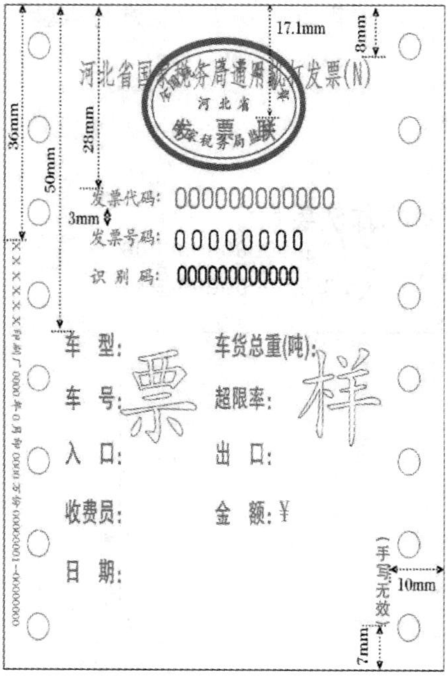


注：

规格尺寸:101.6mm×82mm

票头字体为方正仿宋体,14,10磅

发票联字体为方正黑体,11磅

发票代码字体为方正楷体,9磅

脚码为方正楷体,6磅

手写无效字体为方正黑体,8磅

其他字体为方正黑体,12,9磅

河北省国家税务局通用机打发票(N)票样

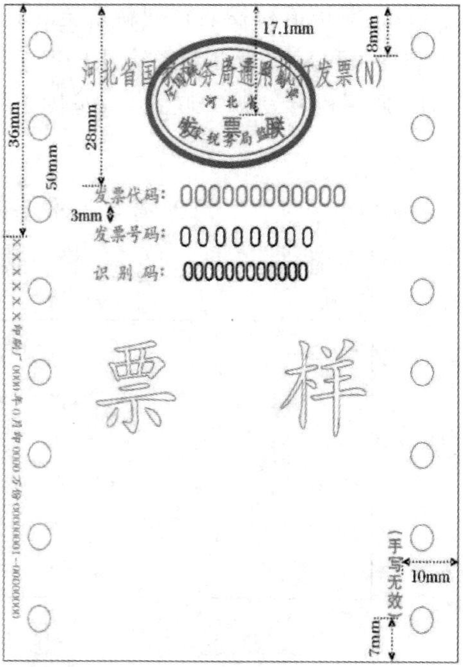


注：

规格尺寸:101.6mm×82mm

票头字体为方正仿宋体,14,10磅

发票联字体为方正黑体,11磅

发票代码字体为方正楷体,9磅

脚码为方正楷体,6磅

手写无效字体为方正黑体,8磅

**图 1－10　通用机打发票（卷式）票样 1**

**适用范围：**从事道路通行服务的纳税人。

河北省国家税务局通用机打发票(H)版票样

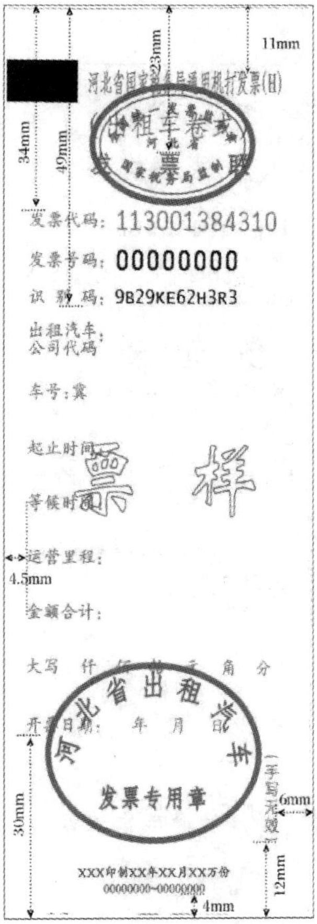


发票尺寸57mm×152mm
票头字体为方正仿宋体，4,5”号
发票联字体为方正黑体，3”号
票面上其他字体为方正楷体，5”号
“手写无效”为方正黑体，5”号

河北省国家税务局通用机打发票(I)版票样

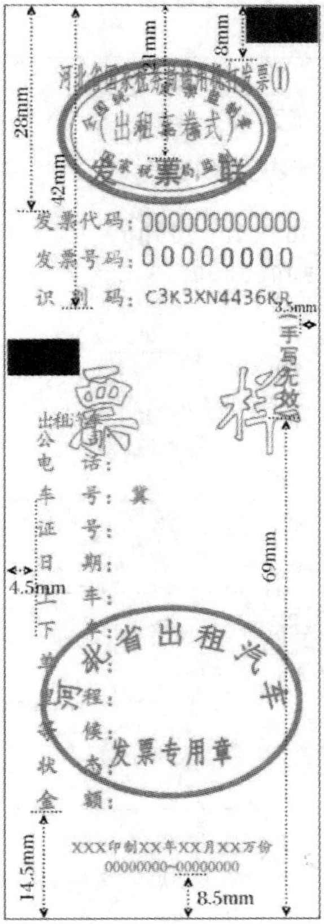


发票尺寸44mm×127mm
票头字体为方正仿宋体，4,9.号
发票联字体为方正黑体，4号
票面上其他字体为方正楷体，5”号
“手写无效”为方正黑体，5”号

**图1-11 通用机打发票（卷式）票样2**

**适用范围：**出租车经营企业或个人。

**改版：**将现使用的河北省国家税务局通用机打发票（H），票面“公司代码”改为“出租汽车公司代码”。将现使用的河北省国家税务局通用机打发票（I），票面“公司”改为“出租汽车公司”。

3. 通用定额发票（见图 1－12）。

河北省国家税务局通用定额发票（J）

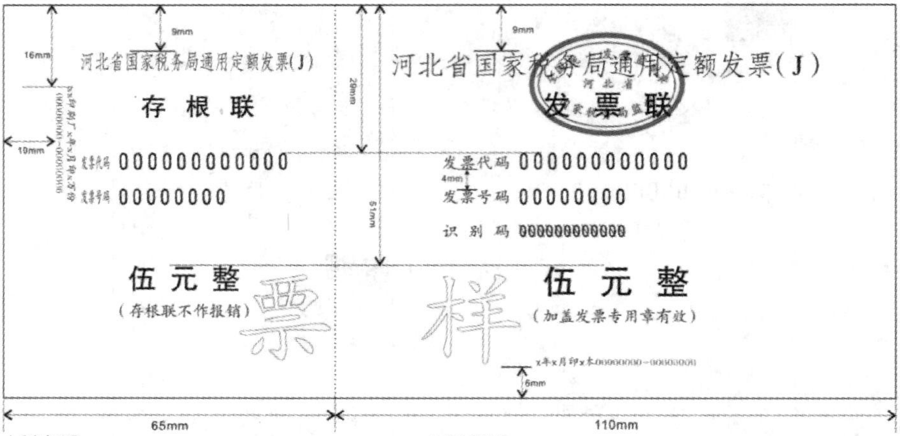


左面文字说明：
存根联票面尺寸65mm*77mm
票头字体为方正仿宋体，括号中的字母为方正宋三体，12磅压缩至65%
存根联字体为方正黑体，14磅
票面上其他字体为方正楷体，9磅
右边边联字体为方正楷体，6磅
金额字体为方正黑体，16磅

右面文字说明：
发票联票面尺寸110mm*77mm
票头字体为方正仿宋体，括号中的字母为方正宋三体，16磅压缩至88%
发票联联字体为方正黑体，16磅
票面上其他字体为方正楷体，9磅
下面边联字体为方正楷体，6磅
金额字体为方正黑体，19磅

175mmX77mm=60开

河北省国家税务局通用定额发票（K）

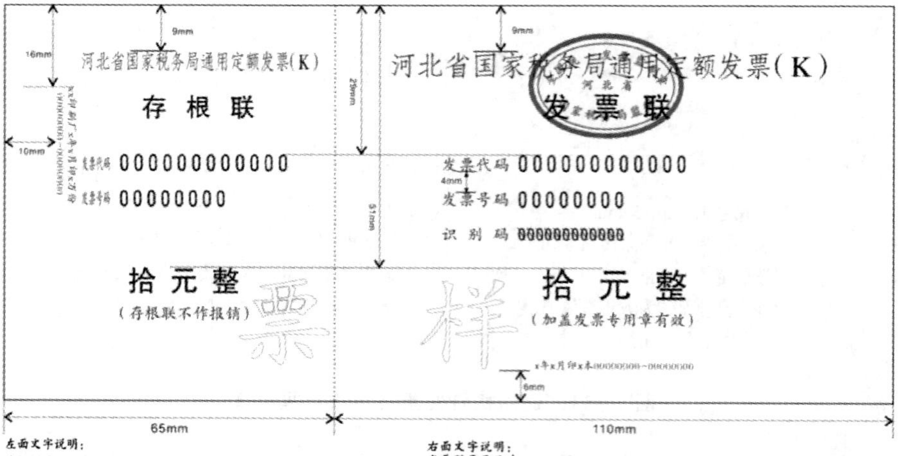


左面文字说明：
存根联票面尺寸65mm*77mm
票头字体为方正仿宋体，括号中的字母为方正宋三体，12磅压缩至65%
存根联字体为方正黑体，14磅
票面上其他字体为方正楷体，9磅
右边边联字体为方正楷体，6磅
金额字体为方正黑体，16磅

右面文字说明：
发票联票面尺寸110mm*77mm
票头字体为方正仿宋体，括号中的字母为方正宋三体，16磅压缩至88%
发票联联字体为方正黑体，16磅
票面上其他字体为方正楷体，9磅
下面边联字体为方正楷体，6磅
金额字体为方正黑体，19磅

175mmX77mm=60开

图 1－12　通用定额发票票样

河北省国家税务局通用定额发票(L)

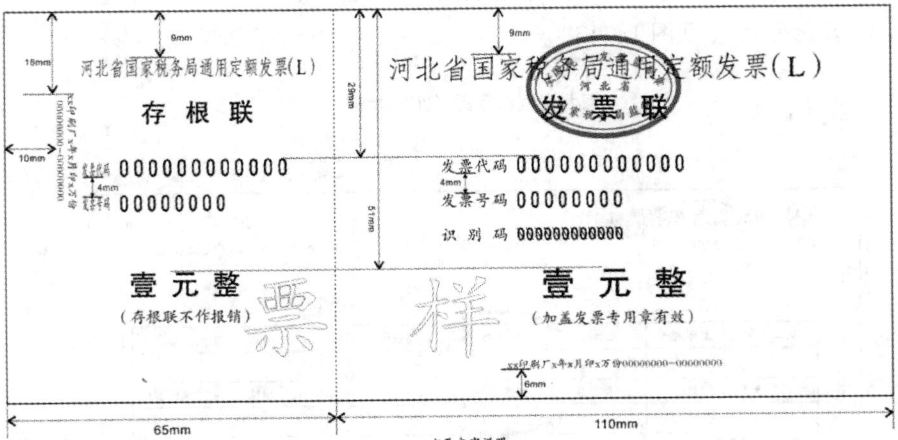


左面文字说明：
存根联票面尺寸65mm*77mm
票头字体为方正仿宋体，括号中的字母为方正宋三体，12磅压缩至65%
存根联字体为方正黑体，14磅
票面上其他字体为方正楷体，9磅
右边边联字体为方正楷体，6磅
金额字体为方正黑体，16磅

右面文字说明：
发票联票面尺寸110mm*77mm
票头字体为方正仿宋体，括号中的字母为方正宋三体，16磅压缩至88%
发票联联字体为方正黑体，16磅
票面上其他字体为方正楷体，9磅
下面边联字体为方正楷体，6磅
金额字体为方正黑体，19磅

175mmX77mm=60开

河北省国家税务局通用定额发票(M)

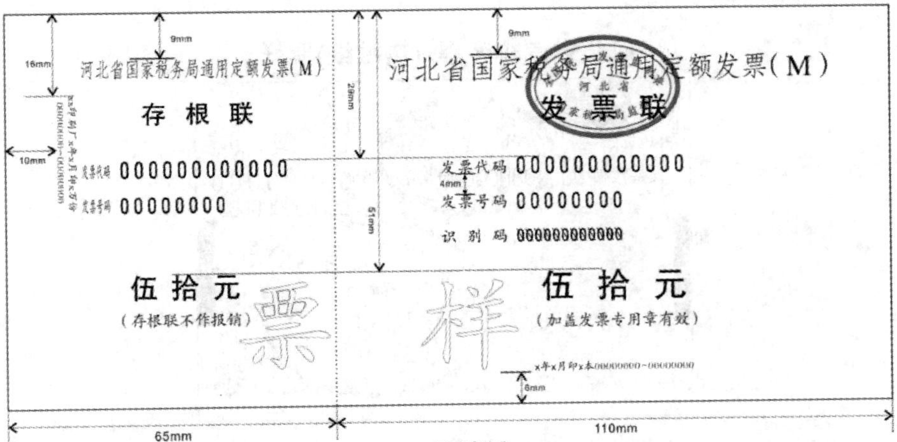


左面文字说明：
存根联票面尺寸65mm*77mm
票头字体为方正仿宋体，括号中的字母为方正宋三体，12磅压缩至65%
存根联字体为方正黑体，14磅
票面上其他字体为方正楷体，9磅
右边边联字体为方正楷体，6磅
金额字体为方正黑体，16磅

右面文字说明：
发票联票面尺寸110mm*77mm
票头字体为方正仿宋体，括号中的字母为方正宋三体，16磅压缩至88%
发票联联字体为方正黑体，16磅
票面上其他字体为方正楷体，9磅
下面边联字体为方正楷体，6磅
金额字体为方正黑体，19磅

175mmX77mm=60开

图1－12　通用定额发票票样（续图）

**注：**购买方信息什么都不用填写，所以定额发票为什么会缩小使用范围，因为太容易套用了。

**适用范围：**按规定可核定使用定额发票的纳税人。

4. 客运发票（见图 1－13）。

**河北省汽车客票（机打）票样**

单位为毫米

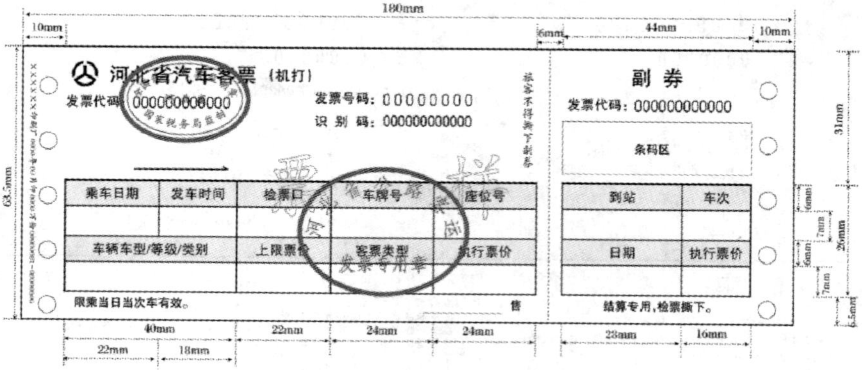


注：

规格尺寸：180mm×63.5mm

票头字体为方正黑体，14磅

副券字体为方正黑体，14磅

其他字体为方正黑体，9磅

脚码为方正楷体，6.5磅

**河北省汽车客票（热敏纸）票样**

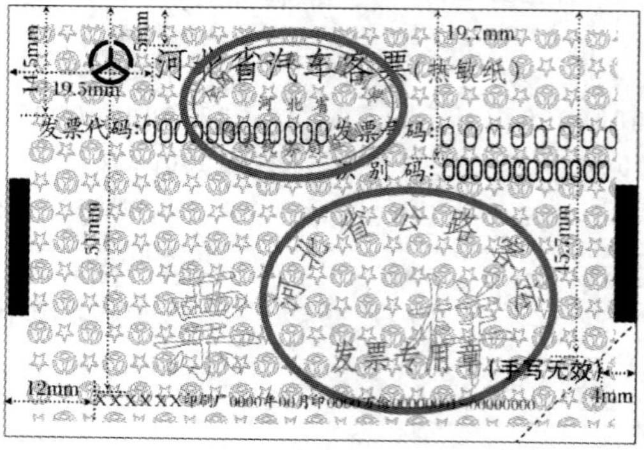


注：

规格尺寸：84mm×57mm

票头字体为方正楷体，15磅

发票代码字体为方正楷体，10磅

脚码为方正楷体，6.5磅

手写无效字体为方正黑体，9磅



图 1－13　客运发票票样

河北省汽车客票（定额）票样

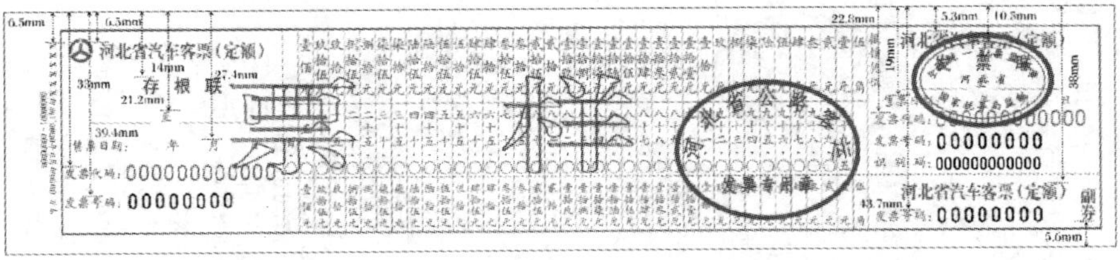


注：
规格尺寸：240mm×52mm
票头字体为方正小标宋体，11、10磅、10磅
存根联、发票联字体为方正黑体，11磅
脚码为方正楷体，5.25磅
发票代码等字体为方正楷体，8磅
金额字体为方正楷体，9磅、8磅

图1－13　客运发票票样（续图）

**注：** 购买方信息什么都不用填写。

**适用范围：** 公路运输客运企业。

**改版：** 将现使用的河北省客运发票（机打、热敏纸、定额）改版为河北省汽车客票（机打、热敏纸、定额）

5. 门票（见图1－14）。

河北省国家税务局门票（01）

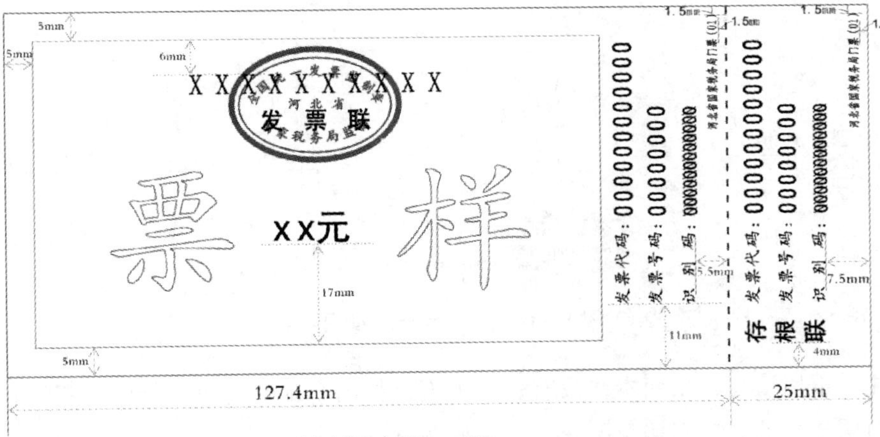


票名尺寸为152.4mmX63mm，其中内框尺寸为100mmX53mm
票头字体为方正仿宋字体，14磅
"发票联"字体为方正黑体，12磅
"存根联"字体为方正黑体，12磅
票价字体为方正黑体，18磅
票面上其他字体为方正楷体，8.5磅
"河北省国家税务局（01）"字体为方正仿宋体，6磅，压缩至70%

图1－14　门票票样

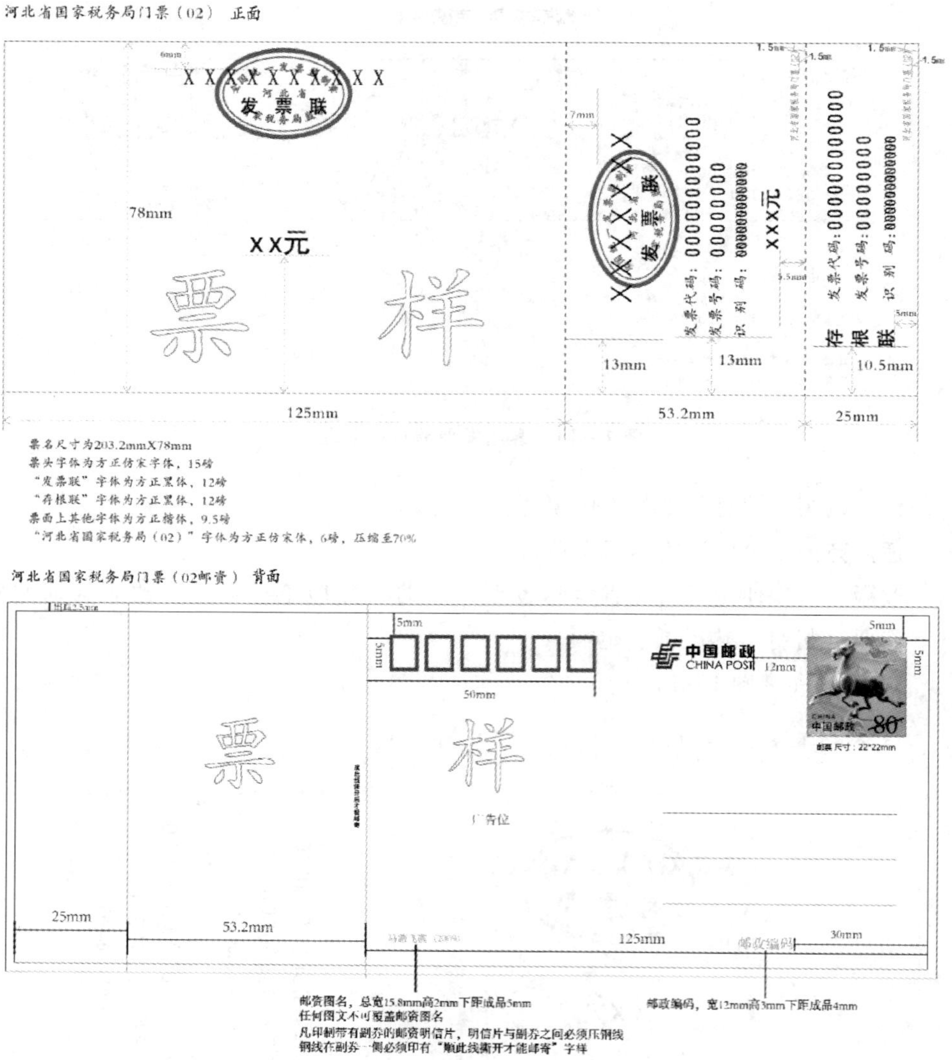


**图1-14　门票票样（续图）**

**注：** 不用填写，票面本身没有；纳税人选择国家邮政公司发行的邮资明信片作为门票使用的，应套印全国统一发票监制章。

**适用范围：** 以门票作为对外发生经营业务收取款项时所开具发票的纳税人。

**改版：** 将现有使用的印有本单位名称的“河北省国家税务局景点门票（01）”，改为“河北省国家税务局门票（01）”将现有使用的印有本单位名称的“河北省国家税务局景点门票（02）”，改为“河北省国家税务局门票（02）”

6. 火车票（见图 1－15）。

图 1－15 火车票票样

**注：**固定样式，不用填写！

铁路客票比较特殊。大家拿到的铁路客票粉票、铁路磁卡票蓝票。这些票实际上是一种专业发票的特殊形式存在。

我们还是将其作为一种有效发票或者说一类普通发票来进行税务处理。而且发票本身也没有设置购买方纳税人识别号这个栏目，暂不受国家税务总局 2017 年 16 号公告约束，无须填写纳税人识别号一栏。

7. 飞机行程单（见图 1－16）。

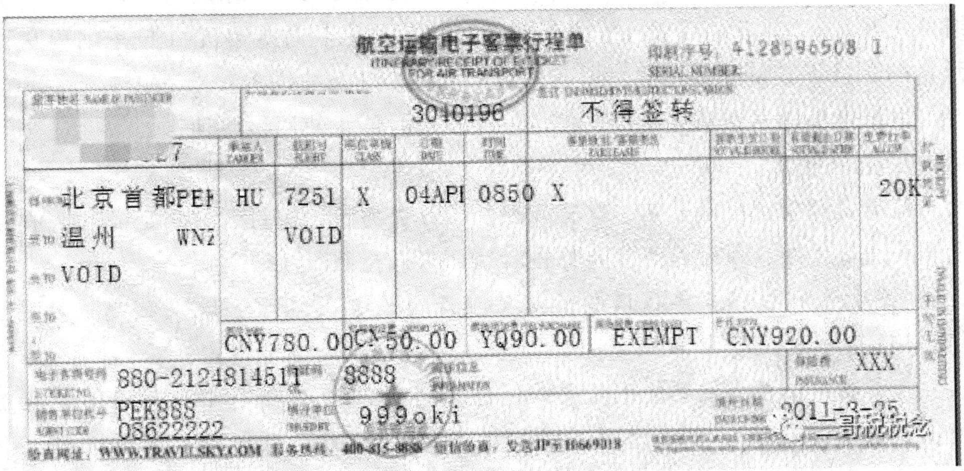


图 1－16 飞机行程单票样

**注：**同火车票。

8. 手工发票（见图1-17）。

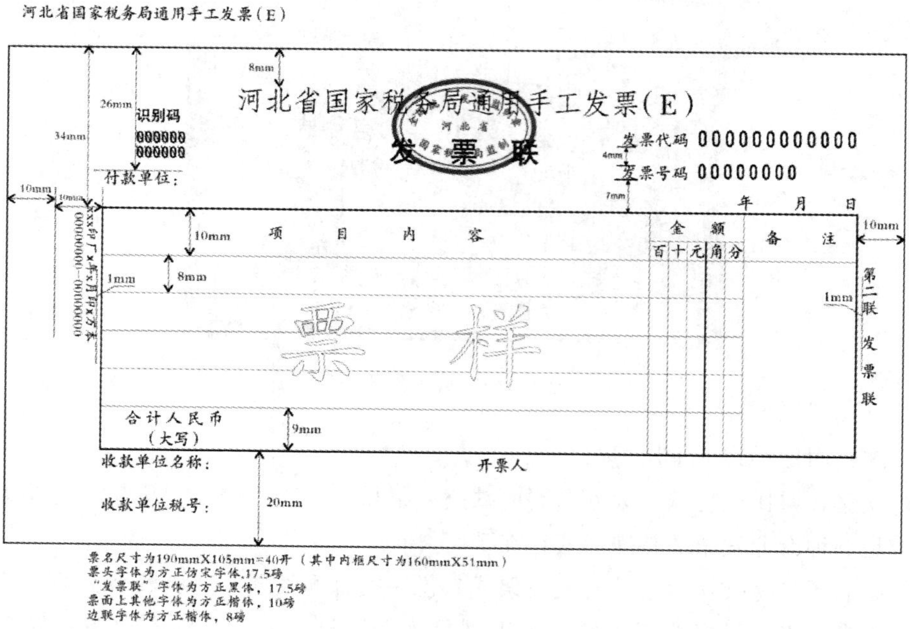


**图1-17 手工发票票样**

**适用范围：** 销售货物、提供加工修理修配劳务月销售额未超过3万元（按季纳税9万元），或者销售服务、无形资产月销售额未超过3万元（按季纳税9万元）的，且不具备开具机打发票条件的增值税小规模纳税人。

根据增值税发票新系统推广使用情况，适时停止使用该票种。

9. 冠名发票。

此类发票差别就是冠名，其实质还是可分类为通用机打、通用定额，增值税电子普通等发票，所有是否需要你得看票面来进行判断。

《关于使用印有本单位名称的增值税普通发票（卷票）有关问题的公告》（国家税务总局2017年第9号）

为了满足纳税人发票使用需要，税务总局自2017年1月1日起启用了增值税普通发票（卷票）。为了方便纳税人发票使用，公告明确，纳税人可按照《中华人民共和国发票管理办法》及其实施细则要求，使用印有本单位名称的增值税普通发票（卷票），通过增值税发票管理新系统开具。

《关于增值税普通发票管理有关事项的公告》（国家税务总局公告2017年第44号）

1. 调整增值税普通发票（折叠票）发票代码。

增值税普通发票（折叠票）的发票代码调整为12位，编码规则：第1位为0，第2～5位代表省、自治区、直辖市和计划单列市，第6～7位代表年度，第8～10位代表批次，第11～12位代表票种和联次，其中04代表二联增值税普通发票（折叠票）、05代表五联增值税普通发票（折叠票）。

税务机关库存和纳税人尚未使用的发票代码为10位的增值税普通发票（折叠票）可以继续使用。

2. 印有本单位名称的增值税普通发票（折叠票）。

（1）纳税人可按照《中华人民共和国发票管理办法》及其实施细则规定，书面向国税机关要求使用印有本单位名称的增值税普通发票（折叠票），国税机关按规定确认印有该单位名称发票的种类和数量。纳税人通过增值税发票管理新系统开具印有本单位名称的增值税普通发票（折叠票）。

（2）印有本单位名称的增值税普通发票（折叠票）的发票代码按照本公告第一条规定的编码规则编制。发票代码的第8～10位代表批次，由省国税机关在501～999范围内统一编制。

**发票使用衔接**

《关于普通发票管理有关事项的公告》（河北省国家税务局2017年第2号）

1. 保留的普通发票。

纳税人已领用的套印发票专用章的河北省国家税务局通用机打发票（N），因纳税人实施“五证合一”启用社会信用识别代码，造成原套印的发票专用章纳税人识别号与社会信用识别代码不符的，可延续使用，通过正常发票缴销和验旧逐步替换。

2. 改版的普通发票。

对纳税人已领用的旧版河北省汽车客票（机打）、河北省汽车客票（热敏纸）、河北省汽车客票（定额），可以使用到2017年12月31日。纳税人应于2018年1月31日前，将结存的空白和已使用未验旧的旧版普通发票，向主管税务机关缴销或验旧。各级国税机关库存以上票种，按规定程序销毁。

对纳税人已领用的旧版河北省国家税务局通用机打发票（H）、河北省国家税务局通用机打发票（I）可延续使用，通过正常发票缴销和验旧逐步替换。

纳税人已领用的“河北省国家税务局景点门票（01）”“河北省国家税务局景点门票（02）”可延续使用，通过正常发票缴销和验旧逐步替换。

3. 停止使用的普通发票。

纳税人应于公告实施之日起30日内，将结存的空白和已使用未验旧的停止使用普通发票，向主管税务机关缴销或验旧。各级国税机关库存以上票种，按规定程序销毁。（2017 年 10 月 1 日起以下发票停止使用：河北省国家税务局通用机打发票（A）、河北省国家税务局通用机打发票（C）、河北省国家税务局通用机打发票（D）、河北省国家税务局通用机打发票（G）、河北省国家税务局通用手工发票（F）、河北省客运定额发票（二十元版）停止使用。）

# 第二章 企业所得税

## 第一节 收入类

### 一、视同销售收入如何进行税务处理

视同是法律用语，是为了维护税收利益而做出的一种特殊规定。视同销售就是会计核算未做销售收入处理，而税法却要求按照销售处理并确认企业所得税收入。

从表2－1可见，企业会计准则在确认销售（营业）收入时要求相关的经济利益很可能流入企业，而企业所得税法没有采纳，因为资产的使用价值已经实现，此时如果不征税，就丧失了征税的机会，这就构成税法中“视同销售”的法理前提。

**表2－1　　企业会计准则和企业所得税对销售收入确认的比较**

| | 企业会计准则 | 企业所得税法 |
|---|---|---|
| 销售收入确认条件 | 必须同时满足下列条件：<br>1. 企业已将商品所有权上的主要风险和报酬转移给购货方；<br>2. 企业既没有保留通常与所有权相联系的继续管理权，也没有对已售出的商品实施有效控制；<br>3. 收入的金额能够可靠地计量；<br>4. 相关的经济利益很可能流入企业；<br>5. 相关的已发生或将发生的成本能够可靠地计量 | 必须同时满足下列条件：<br>1. 商品销售合同已经签订，企业已将商品所有权相关的主要风险和报酬转移给购货方；<br>2. 企业对已售出的商品既没有保留通常与所有权相联系的继续管理权，也没有实施有效控制；<br>3. 收入的金额能够可靠地计量；<br>4. 已发生或将发生的销售方的成本能够可靠地核算 |

视同销售收入作为销售（营业）收入的组成部分，不仅是计算应纳税所得的重要依据，而且还是计算业务招待费、业务宣传费、广告费等所得税税前扣除限额的基数，因此，在计算所得税时必须加以足够的重视。

**第一，视同销售的范围**。

视同销售是指会计账务处理上不作为销售收入核算，而在税收上作为销售、确认收入计缴税金的商品或劳务的转移行为。在这个过程中，还应当注意区分视

同销售收入和内部处置资产。

《国家税务总局关于企业处置资产所得税处理问题的通知》（国税函〔2008〕828号）明确规定：

一、企业发生下列情形的处置资产，除将资产转移至境外以外，由于资产所有权属在形式和实质上均不发生改变，可作为内部处置资产，不视同销售确认收入，相关资产的计税基础延续计算。

（一）将资产用于生产、制造、加工另一产品；

（二）改变资产形状、结构或性能；

（三）改变资产用途（如，自建商品房转为自用或经营）；

（四）将资产在总机构及其分支机构之间转移；

（五）上述两种或两种以上情形的混合；

（六）其他不改变资产所有权属的用途。

二、企业将资产移送他人的下列情形，因资产所有权属已发生改变而不属于内部处置资产，应按规定视同销售确定收入。

（一）用于市场推广或销售；

（二）用于交际应酬；

（三）用于职工奖励或福利；

（四）用于股息分配；

（五）用于对外捐赠；

（六）其他改变资产所有权属的用途。

也就是说，视同销售收入和内部处置资产的关键区别在于是否发生所有权属的转移。

**第二，视同销售价格的确定**。

《国家税务总局关于企业所得税有关问题的公告》（国家税务总局公告2016年第80号）规定：

企业发生《国家税务总局关于企业处置资产所得税处理问题的通知》（国税函〔2008〕828号）第二条规定情形的，除另有规定外，应按照**被移送资产的公允价值**确定销售收入。

**【例】**某集团有一批自己生产的产品，账面价值70万元，对外不含税公允售价100万元，增值税税率17%。其他税费略。

**（1）将上述产品用于样品、市场推广等方面时。**

**相应的会计处理为：**

借：销售费用　　　　　　　　　　　　　　870000

贷：库存商品 700000

应交税费——应交增值税（销项税额） 170000

**相应的税务处理：**应当将视同销售收入100万元，填入《视同销售和房地产开发企业特定业务纳税调整明细表》中的第3行“用于市场推广或销售视同销售收入”，同时填到附表A105000《纳税调整项目明细表》第2行“视同销售”中；将视同销售收入相对应的成本70万元，填入该表的第13行“用于市场推广或销售视同销售成本”，同时填到附表A105000《纳税调整项目明细表》第13行“视同销售成本”中；还应将用于样品的计税成本按照视同销售的公允价值进行纳税调减，在A105000《纳税调整项目明细表》第29行“其他”第4列调减30万元（117－87）。最后分别汇总到《企业所得税年度纳税申报表》第15行“加：纳税调整增加额”和第16行“减：纳税调整减少额”中。

**注：**河北省已有调减案例，某基层税局要求企业调增不调减事项，递交到省局后，省局驳回，认为企业做的是对的。

**（2）将上述自产产品用于对外捐赠。**

**相应的会计处理为：**

借：营业外支出 870000

贷：库存商品 700000

应交税费——应交增值税（销项税额） 170000

**相应的税务处理：**企业认为没有经济利益的流入所以未做收入，但企业所得税法要做视同销售，视同销售收入12万元，成本10万元，根据分解理论，企业将自产、委托加工和外购的原材料、固定资产、无形资产等用于捐赠，应分解为按公允价值视同对外销售和捐赠两项业务进行所得税处理。企业对外捐赠，除符合税收法律法规规定的公益救济性捐赠外，一律不得在税前扣除。

视同销售表填一次，捐赠表填一次，纳税调整项目表其他行填一次。先卖掉，用卖的钱去捐赠，收到14.04万元，税法允许列支14.04万元，但账载是12.04万元，先在捐赠支出纳税调整表填列，14.04万元不超限额，则剩余会计未做账的2万元应在A105000纳税调整明细表扣除类其他中调减。

**（3）将上述自产产品用于非货币性资产交换。**

**【例】**某集团将一批自己生产的产品，账面价值70万元，对外不含税公允售价100万元，增值税税率17%，用于对外交换一台公允价值为100万元的固定资产，假设该非货币性资产交换不具有商业实质，双方均开具了增值税专用发票。

**相应的会计处理：**

借：固定资产 700000

应交税费——应交增值税（进项税额）　　170000
贷：库存商品　　700000
应交税费——应交增值税（销项税额）　　170000

**相应的税务处理：**视同销售收入 100 万元，相对应的成本 70 万元。

值得注意的是，该固定资产计提折旧，无论会计上如何核算，允许税前扣除的折旧金额为 100 万元（假设残值为零）。

**（4）将上述自产产品用于债务重组，抵偿债务 160 万元，按公允价值开具增值税发票。假设不符合特殊性税务处理。**

**债务人相应的会计处理为：**

借：应付账款　　1600000
贷：主营业务收入　　1000000
应交税费——应交增值税（销项税额）　　170000
营业外收入　　430000
借：主营业务成本　　700000
贷：库存商品　　700000

**债权人相应的会计处理为：**

借：库存商品　　1000000
应交税费——应交增值税（进项税额）　　170000
营业外支出　　430000
贷：应收账款　　1600000

## 二、福利部门领用自产产品如何进行税务处理

从会计的角度出发，《企业会计准则第 9 号——职工薪酬》第六条规定：企业发生的职工福利费，应当在实际发生时根据实际发生额计入当期损益或相关资产成本。职工福利费为非货币性福利的，应当按照公允价值计量。因此，会计上应当按照销售处理，确认相关营业收入和营业成本。

从税法的角度出发，福利部门领用自产产品，产品所有权属发生改变，应按照自产产品的同期市场售价计算销售收入，并根据增值税视同销售的规定确定增值税销项税额。

从现行规定来看，福利部门领用自产产品不存在财税差异，即都按照销售进行处理。

**【例】**煤炭企业将自产的煤发给员工做福利，假定成本 30000 元，公允价

40000 元，则会计处理为：

借：应付职工薪酬——非货币性福利　　46800

　　贷：主营业务收入　　40000

　　　　应交税费——应交增值税（销项税额）　　6800

借：主营业务成本　　30000

　　贷：库存商品　　30000

## 三、企业按权益法核算，长期股权投资对初始投资成本调整确认的收益，是否缴纳企业所得税

《企业会计准则——长期股权投资》第十条规定，投资企业取得长期股权投资后，应当按照应享有或应分担的被投资单位实现的净损益的份额，确认投资损益并调整长期股权投资的账面价值。

国税函〔2010〕79 号第四条规定，企业权益性投资取得股息、红利等收入，应以被投资企业股东会或股东大会作出利润分配或转股决定的日期，确定收入的实现。

**【例】**2016 年 1 月 A 公司以 200 万元投资 B 公司，占 30%，B 公司盈利 200 万元，2017 年 5 月份宣告分配股利 50 万元。

甲公司账务处理如下：

借：长期股权投资—损益调整　　60（200×30%＝60）

　　贷：投资收益　　60

借：应收股利　　15

　　贷：长期股权投资—损益调整　　15

借：银行存款　　15

　　贷：应收股利　　15

持有期间盈利会计上确认投资收益，税法不认可，调减收入 60；分配股利会计减少账面价值，税法确认收入，调增收入 15。

## 四、企业三年以上应付未付的款项，如何进行纳税调整

企业因债权人原因确实无法支付的应付款项，包括超过三年未支付的应付款项以及清算期间未支付的应付款项，应计入当期应纳税所得额缴纳企业所得税。企业若能够提供确凿证据证明债权人没有确认损失并在税前扣除的，可以不计入当期应纳税所得额。已计入当期应纳税所得额的应付款项在以后年度支付的，在支付年度允许税前扣除。

**注：** 确凿证据指债权人承担法律责任的书面声明或债权人主管税务机关的证明等，能够证明债权人没有按规定确认损失并在税前扣除的有效证据以及法律诉讼文书。

**【例】** 企业应付某客户的款项 10 万元，三年内没有任何业务发生，对方不再催要，且不能提供资料证明对方未申报财产损失，应在满三年的当年调增应纳税所得额 10 万元，以后年度客户催要在实际支付时，在支付当年纳税调减。

## 五、不征税收入如何进行财税处理

**第一，与收益相关的政府补助。**

**收到补助：**

借：银行存款（其他应收款）

　　贷：递延收益（营业外收入或补贴收入 ）等到成本费用发生时再确认收入

**发生时：**

借：管理费用（差异**调增**）

　　贷：银行存款

同时，结转递延收益

借：递延收益

　　贷：营业外收入（差异**调减**）

**第二，与资产相关的政府补助。**

**会计处理：**

（1）2009 年 6 月 1 日收到财政拨款。

借：银行存款　　2000 万

　　贷：递延收益　　2000 万

（2）2009 年 6 月 20 日购入设备。

借：固定资产　　3000 万

　　贷：银行存款　　3000 万

（3）2009 年计提折旧，并分摊递延收益。

借：管理费用　　300 万（3000 万 ÷5/2）

　　贷：累计折旧　　300 万

借：递延收益　　200 万（2000 万 ÷5/2）

　　贷：营业外收入　　200 万

税法规定：财税〔2011〕70 号财政部、国家税务总局关于专项用途财政性资金企业所得税处理问题的通知。

企业从**县级以上**各级人民政府财政部门及其他部门取得的应计入收入总额的财政性资金，凡同时符合以下条件的，可以作为不征税收入，在计算应纳税所得额时从收入总额中减除：

①企业能够提供规定资金专项用途的资金拨付文件；

②财政部门或其他拨付资金的政府部门对该资金有专门的资金管理办法或具体管理要求；

③企业对该资金以及以该资金发生的支出单独进行核算。

上述不征税收入用于支出所形成的费用，不得在计算应纳税所得额时扣除；用于支出所形成的资产，其计算的折旧、摊销不得在计算应纳税所得额时扣除。

**【例】**（与收益相关的政府补助，属于不征税收入）：

2016 年 4 月，收到具有专项用途的政府补偿 500 万元，属于不征税收入。2016 年使用 300 万元。

2017 年

**表 2－2　　专项用途财政性资金纳税调整明细表**

| 行次 | 项目 | 取得年度 | 财政性资金 | 其中：符合不征税收入条件的财政性资金 | | 以前年度支出情况 | | | | | 本年支出情况 | | 本年结余情况 | | |
|---|---|---|---|---|---|---|---|---|---|---|---|---|---|---|---|
| | | | | 金额 | 其中：计入本年损益的金额 | 前五年度 | 前四年度 | 前三年度 | 前二年度 | 前一年度 | 支出金额 | 其中：费用化支出金额 | 结余金额 | 其中：上缴财政金额 | 应计入本年应税收入金额 |
| | | 1 | 2 | 3 | 4 | 5 | 6 | 7 | 8 | 9 | 10 | 11 | 12 | 13 | 14 |
| 1 | 前五年度 | | | | | | | | | | | | | | |
| 2 | 前四年度 | | | | | * | | | | | | | | | |
| 3 | 前三年度 | | | | | * | * | | | | | | | | |
| 4 | 前二年度 | | | | | * | * | * | | | | | | | |
| 5 | 前一年度 | 2016 | 500 | 500 | 300 | * | * | * | * | | 300 | 300 | 200 | 0 | 0 |
| 6 | 本年 | 2017 | 0 | 0 | 0 | * | * | * | * | * | 0 | 0 | 0 | 0 | 0 |
| 7 | 合计（1+2+3+4+5+6） | * | 500 | 500 | 300 | * | * | * | * | * | 300 | 300 | 200 | 0 | 0 |

调减　　　　　　　　调增

**【例】**甲企业：

（1）2009 年 2 月收到财政补偿 550 万元，每年发生费用性支出 20 万元，资本性支出 40 万元（未完工），剩余企业不再上缴。

（2）2013 年 12 月，收到具有专项用途的政府补偿 1000 万元，属于不征税收入，用于在建项目 700 万元；2014 年用于在建项目 300 万元，2014 年 6 月在建项目完工结转固定资产，10 年计提折旧不考虑净残值。2014 年计提折旧 25 万元。

**表 2－3　　专项用途财政性资金纳税调整明细表**

| 行次 | 项目 | 取得年度 | 财政性资金 | 其中：符合不征税收入条件的财政性资金 | | 以前年度支出情况 | | | | | 本年支出情况 | | 本年结余情况 | | |
|---|---|---|---|---|---|---|---|---|---|---|---|---|---|---|---|
| | | | | 金额 | 其中：计入本年损益的金额 | 前五年度 | 前四年度 | 前三年度 | 前二年度 | 前一年度 | 支出金额 | 其中：费用化支出金额 | 结余金额 | 其中：上缴财政金额 | 应计入本年应税收入金额 |
| | | 1 | 2 | 3 | 4 | 5 | 6 | 7 | 8 | 9 | 10 | 11 | 12 | 13 | 14 |
| 1 | 前五年度 | 2009.2 | 550 | 550 | 60 | 60 | 60 | 60 | 60 | ## | 60 | 20 | 190 | | 190 |
| 2 | 前四年度 | 2010 | | | | * | | | | | | | | | |
| 3 | 前三年度 | 2011 | | | | * | * | | | | | | | | |
| 4 | 前二年度 | 2012 | | | | * | * | * | | | | | | | |
| 5 | 前一年度 | 2013.1 | #### | 1000 | 0 | * | * | * | * | ## | 300 | 0 | 0 | | |
| 6 | 本年 | 2014 | | | 25 | * | * | * | * | * | | | | | 0 |
| 7 | 合计（1+2+3+4+5+6） | * | #### | 1550 | 85 | * | * | * | * | * | 360 | 20 | 190 | 0 | 190 |
| | | | | | 调减 | | | | | | | 调增 | | | |

其中：资产折旧 25 万元，在折旧表中调增。　　A105080 资产折旧、摊销情况及纳税调整明细表！A1

A105080

表 2-4　　资产折旧、摊销情况及纳税调整明细表

| 行次 | 项目 | 账载金额 | | | 税收金额 | | | | | 纳税调整 | |
|---|---|---|---|---|---|---|---|---|---|---|---|
| | | 资产账载金额 | 本年折旧、摊销额 | 累计折旧、摊销额 | 资产计税基础 | 按税收一般规定计算的本年折旧、摊销额 | 本年加速折旧额 | 其中：2014 年及以后年度新增固定资产加速折旧额（填写 A105081） | 累计折旧、摊销额 | 金额 | 调整原因 |
| | | 1 | 2 | 3 | 4 | 5 | 6 | 7 | 8 | 9(2-5-6) | 10 |
| 1 | 一、固定资产（2+3+4+5+6+7） | #### | ## | ## | ### | ### | #### | ### | - | #### | |
| 2 | （一）房屋、建筑物 | 1000 | 25 | | 0 | 0 | | | | 25 | 不征税收入对应的支出 |

## 六、政府补助新准则采用净额法如何进行财税处理

根据《财政部关于印发修订〈企业会计准则第 16 号——政府补助〉的通知》（财会〔2017〕15 号）的规定，与资产相关的政府补助，应当冲减相关资产的账面价值或确认为递延收益；与收益相关的政府补助，分别不同情况计入相应期间的当期损益或冲减相关成本。可见，与修订前的准则相比，政府补助新准则的核算既可以采用总额法，也可以采用净额法。

**【例】** A 公司为进行节能环保改造，2017 年 12 月初购置一批设备。当月底，A 公司收到当地政府财政性资金 100 万元，作为购置设备的补助。该批设备不含税价 500 万元，会计与税法上预计净残值均为 50 万元，以直线法计提折旧，折旧年限 10 年。该公司以净额法对政府补助进行会计处理。

**（一）收到政府补助的会计处理**

1. 企业购置设备时：（单位：万元，下同）

借：固定资产　　　　　　　　　　　　　　　　500

应交税费——应交增值税（进项税额）　　85
　　贷：银行存款　　585

2. 企业收到政府补助时：

借：银行存款　　100
　　贷：固定资产　　100

3. 收到政府补助后固定资产的所得税会计处理。

根据相关税法，企业取得的各类财政性资金，除属于国家投资和资金使用后要求归还本金以外，均应计入企业当年收入总额；同时符合规定的 3 个条件的，可以作为不征税收入。

（1）政府补助作为不征税收入时的所得税会计处理。2017 年末，A 公司购入设备的账面价值为 400 万元，由于不征税收入所形成资产计算的折旧不得在税前扣除，因此其计税基础也是 400 万元，不产生暂时性差异。

（2）政府补助作为应税收入时所得税会计处理。A 公司应在取得当年将其全额计入当期应纳税所得额，所购买设备的计税基础应包含政府补助部分（即为 500 万元），产生可抵扣暂时性差异 100 万元。但是，根据《企业会计准则第 18 号——所得税》，同时具有下列特征的交易中因资产或负债的初始确认所产生的递延所得税资产不予确认：该项交易不是企业合并；交易发生时既不影响会计利润也不影响应纳税所得额。该交易并非企业合并，同时，该交易发生时会计上只影响相关资产科目，对会计利润并无影响；税法上固定资产只有在以后计提折旧时才能在税前扣除，交易发生时并不影响企业应纳税所得额。因此，这里产生的可抵扣暂时性差异不确认递延所得税资产。

**（二）收到政府补助的所得税纳税申报**

1. 政府补助作为不征税收入时的处理。《A105040 专项用途财政性资金纳税调整明细表》适用于发生符合不征税收入条件的专项用途财政性资金用于支出进行纳税调整。在本年的“财政性资金”的“金额”列和“支出情况”的“支出金额”列分别填写 100 万元。与资产相关的不征税收入的政府补助且在以净额法核算下，对会计利润和应纳税所得额都无影响，且资产的账面价值等于计税基础，无须作其他纳税调整。

2. 政府补助作为应税收入时的处理。2017 年收到政府补助时，应填报《A105020 未按权责发生制确认收入纳税调整明细表》。该表税收金额填写 100 万元，账载金额为 0，纳税调整金额 100 万元。

净额法下会计上取得政府补助时直接冲减资产的账面价值，而非确认递延收益，以后年度也不会再按权责发生制确认收入，因此，以后年度的纳税调整应通过填报《A105080 资产折旧、摊销情况及纳税调整明细表》来实现。本例中，固定资产账面价值400万元，每年计提折旧额为35万元［（400－50）÷10］。计税基础500万元，每年税前扣除折旧额为45万元［（500－50）÷10］。2018年填报该表时，纳税调减10万元。10年后折旧期满，纳税调减额累计100万元，与收到政府补助年度在表A105020中纳税调增的金额相等。

## 七、煤炭企业棚户区改造企业所得税方面有哪些规定？如何进行账务处理

**（一）相关政策**

财税〔2013〕65号财政部　国家税务总局关于企业参与政府统一组织的棚户区改造有关企业所得税政策问题的通知

企业参与政府统一组织的工矿（含中央下放煤矿）棚户区改造、林区棚户区改造、垦区危房改造并同时符合一定条件的棚户区改造支出，准予在企业所得税前扣除。

棚户区改造支出，是指同时满足以下条件的棚户区改造支出：

①棚户区位于远离城镇、交通不便，市政公用、教育医疗等社会公共服务缺乏城镇依托的独立矿区、林区或垦区；

②该独立矿区、林区或垦区不具备商业性房地产开发条件；

③棚户区市政排水、给水、供电、供暖、供气、垃圾处理、绿化、消防等市政服务或公共配套设施不齐全；

④棚户区房屋集中连片户数不低于50户，其中，实际在该棚户区居住且在本地区无其他住房的职工（含离退休职工）户数占总户数的比例不低于75%；

⑤棚户区房屋按照《房屋完损等级评定标准》和《危险房屋鉴定标准》评定属于危险房屋、严重损坏房屋的套内面积不低于该片棚户区建筑面积的25%；

⑥棚户区改造已纳入地方政府保障性安居工程建设规划和年度计划，并由地方政府牵头按照保障性住房标准组织实施；异地建设的，原棚户区土地由地方政府统一规划使用或者按规定实行土地复垦、生态恢复。

**（二）相关账务处理**

1. 收到政府的棚户区改造补偿款时，

借：银行存款

　　贷：专项应付款



2. 属于对企业在搬迁和重建过程中发生的固定资产和无形资产损失、有关

费用性支出、停工损失及搬迁后拟新建资产进行补偿的，

借：专项应付款

贷：递延收益

属于发生的费用，在确认相关费用的期间，

借：递延收益

贷：营业外收入

属于新建资产，在相关资产使用寿命内分摊递延收益，

借：递延收益

贷：营业外收入

3. 企业取得的政府搬迁补偿款扣除转入递延收益的金额后仍有结余时，

借：专项应付款

贷：资本公积

4. 形成资产的所得税处理。

①发生的廉租性住房和小区内、外配套设施等与资产相关的支出时。

借：在建工程

贷：银行存款等

②建设完成竣工决算后，通过专项资金列支，

借：固定资产

贷：在建工程

同时：借：专项储备——维简费

贷：累计折旧

通过自有资金列支，

借：固定资产

贷：在建工程

并按照固定资产的预计可使用年限计提折旧，将相关的成本费用通过折旧计入固定资产的受益期内。

5. 未形成资产的所得税处理。

①通过专项资金列支，

借：专项储备——维简费

贷：银行存款等

②通过自有资金列支，

借：制造费用、管理费用、营业外支出等

贷：银行存款等

## 八、煤矿企业基建期间采掘的工程煤，如何确认销售收入？涉及哪些税收

《企业会计准则》规定：企业在建工程项目，在达到预定可使用状态前的试运行过程取得的产品销售收入，应冲减工程成本。根据《企业所得税法》相关规定，试运行收入属于应税收入，煤矿基建期间取得的工程煤销售收入，应作为应税收入计入应纳税所得额，同时对企业发生的与试运行收入直接相关的成本支出允许扣除。无法准确计算对应成本的，可以全部计入井巷工程，在以后正式生产期间以折旧的方式在税前扣除。

工程煤收入应缴纳企业所得税、资源税、矿产资源补偿费、增值税、城建税及教育费附加等；另外，会计上将工程煤收入冲减工程成本，而税法作为应税收入，两者差异在工程项目结转固定资产后，影响固定资产的计税基础，涉及资产折旧的调整。

**【例】**某煤矿企业在基建施工中采掘煤炭1000吨，销售定价（不含税）600元/吨，并在当时直接销售。账务处理如下：

采掘工程煤1000吨时，

| | | |
|---|---|---|
| 借：库存商品 | 600000 | |
| 　　贷：在建工程 | | 600000 |

工程煤销售时，

| | | |
|---|---|---|
| 借：银行存款 | 702000 | |
| 　　贷：主营业务收入 | | 600000 |
| 　　　　应交税费——应交增值税（销项税额） | | 102000 |

同时，

| | | |
|---|---|---|
| 借：主营业务成本 | 600000 | |
| 　　贷：库存商品 | | 600000 |

年度汇算清缴时，将冲减的工程款600000元调增应纳税所得额。

## 九、煤炭企业以预收货款方式销售货物并开具增值税发票的，如何进行账务处理？如何纳税

根据《增值税暂行条例》规定，销售货物或应税劳务，纳税义务发生时间为收讫销售款项或者取得索取销售款项的当天；先开具发票的，为开具发票的当天。《国家税务总局关于确认企业所得税收入若干问题的通知》规定：销售商品采取预收款方式的，在发出商品时确认收入。

**【例】**某煤矿预收甲公司煤款117万元，并开具了增值税专用发票，如何进行账务处理？

相关会计分录，

借：银行存款　　1170000

　贷：预收账款　　1000000

　　应交税费——应交增值税（销项税额）　　170000

应在开具发票当月缴纳增值税，但企业所得税未达到收入确认条件即未发货，年度汇算清缴时不需要做纳税调整。

## 十、煤炭企业对“三违”人员收取的罚款，是否需要交纳企业所得税，如何进行账务处理

“三违”是指违章指挥、违章操作、违反劳动纪律。对煤炭企业收取的“三违”罚款，会计上计入营业外收入，税法上属于其他收入，应当计入应纳税所得额缴纳企业所得税。

如果奖罚对象是同一个部门或同一名职工，而且公司财务制度规定对收取的罚款通过后期的考核情况进行返还的，可以通过“其他应付款”科目反映。

## 十一、关联企业售价偏低，对税收有哪些影响

根据《增值税暂行条例》第七条：“纳税人销售货物或者应税劳务的价格明显偏低且无正当理由的，由主管税务机关核定其销售额。”《增值税暂行条例释义》中明确“纳税人交易价格偏低是以少纳税款为目的的，税务机关可以按照正常交易价格来核定纳税人的销售额。”

国税发〔2009〕2号第三十条：实际税负相同的境内关联方之间的交易，只要该交易没有直接或间接导致国家总体税收收入的减少，原则上不做转让定价调查、调整；第九十八条：关联交易一方被实施转让定价调查调整的，应允许另一方做相应调整，以消除双重征税。

**【例】**销货方为一般纳税人，关联收货方是小规模纳税人或免征增值税的一般纳税人；销货方为一般企业，关联收货方企业所得税享受减免税优惠等，其销售价格明显偏低的，就属于是以少纳税款为目的，税务机关可以按照独立企业间的交易价格来核定纳税人的销售额。

如果关联双方均为境内居民企业，只要不是以逃避税款为目的，不影响国家总体税负，税务机关原则上不做纳税调整。

### 十二、企业取得股权转让所得，如何进行所得税处理？转让价款中包含的未分配利润、盈余公积部分是否允许作为股息红利所得在转让所得中扣除

根据国税函〔2010〕79号规定，股权转让所得是指股权转让收入扣除为取得该股权所发生的成本后的差额。股权转让收入应于转让协议生效且完成股权变更手续时确认收入的实现。

企业在计算股权转让所得时，不得扣除被投资企业未分配利润等股东留存收益中按该项股权所可能分配的金额。

**【例】**2017年12月甲公司将持有的对乙公司的长期股权投资转让，取得转让收入120万元，该投资原始成本80万元，转让时账面未分配利润20万元，盈余公积30万元，如何确认转让所得缴纳企业所得税？（不考虑转让时的其他税费）

转让所得：120－80＝40（万元）

不得扣除未分配利润、盈余公积等该股权可能分配的金额。

## 第二节　扣除项目

### 一、预提的职工奖金能否税前扣除

《企业所得税法实施条例》第三十四条所称的“合理工资薪金”，是指企业按照股东大会、董事会、薪酬委员会或相关管理机构制订的工资薪金制度规定实际发放给员工的工资薪金。

企业在年度汇算清缴结束前向员工实际支付的已预提汇缴年度工资薪金，准予在汇缴年度按规定扣除。

企业实际发放的合理的工资薪金支出可以税前扣除，合理的工资薪金是指：

（1）企业制订了较为规范的员工工资薪金制度；

（2）企业所制订的工资薪金制度符合行业及地区水平；

（3）企业在一定时期所发放的工资薪金是相对固定的，工资薪金的调整是有序进行的；

（4）企业对实际发放的工资薪金，已依法履行了代扣代缴个人所得税义务；

（5）有关工资薪金的安排，不以减少或逃避税款为目的。

属于国有性质的企业，其工资薪金，不得超过政府有关部门给予的限定数额；超过部分，不得计入企业工资薪金总额，也不得在计算企业应纳税所得额时扣除。

## 二、每月随工资发放的交通补贴能否税前扣除？职工住房补贴能否计入工资总额在税前扣除

列入企业员工工资薪金制度、固定与工资薪金一起发放的福利性补贴，符合《国家税务总局关于企业工资薪金及职工福利费扣除问题的通知》（国税函〔2009〕3号）第一条规定的，可作为企业发生的工资薪金支出，按规定在税前扣除。

不能同时符合上述条件的福利性补贴，应作为国税函〔2009〕3号文件第三条规定的职工福利费，按规定计算限额税前扣除。

**【政策依据】** 国家税务总局公告2015年第34号关于企业工资薪金和职工福利费等支出税前扣除问题的公告。

## 三、劳务派遣人员的工资税前扣除如何规定的

企业接受外部劳务派遣用工所实际发生的费用，应分两种情况按规定在税前扣除：按照协议（合同）约定直接支付给劳务派遣公司的费用，应作为劳务费支出；直接支付给员工个人的费用，应作为工资薪金支出和职工福利费支出。其中属于工资薪金支出的费用，准予计入企业工资薪金总额的基数，作为计算其他各项相关费用扣除的依据。

冀地税函〔2014〕85号劳务派遣公司在开具发票时，应将管理费、工资、保险及住房公积金分不同项目列明金额。

## 四、解除职工劳务合同时，向职工支付的经济补偿金，能否作为计算职工福利费等三项经费税前扣除限额的基数

经济补偿金，符合与员工任职或受雇有关的其他支出，但不是"合理的工资薪金"。

《国家税务总局关于企业工资、薪金及职工福利费扣除问题的通知》（国税函〔2009〕3号）明确，只有"合理的工资、薪金"才可以成为计提基数。离职补偿金作为"与员工任职或者受雇有关的其他支出"，不能作为工会经费、职工福利费、职工教育经费的计提基数。

## 五、企业为提前离岗人员、农村信用社为被置换人员发放的工资薪金税前扣除问题

根据《企业所得税法实施条例》第三十四条规定，企业提前离岗人员、农村信用社被置换人员凡未正式办理退休手续，也未与企业解除劳动关系的，企业为其发放的工资薪金允许按规定在税前扣除。

## 六、〔2013〕161 号企业以现金形式发放给全体职工的误餐费或误餐补助是应计入工资薪金还是职工福利费

根据《国家税务总局关于企业工资、薪金及职工福利费扣除问题的通知》（国税函〔2009〕3 号）、《财政部关于企业加强职工福利费财务管理的通知》（财企〔2009〕242 号）第二条第二款规定，企业以现金形式按月按标准发放或支付给全体职工的误餐费或误餐补助应计入职工工资薪金。

## 七、企业为本单位员工负担的个人所得税，是否能税前扣除

根据《国家税务总局公告 2011 年第 28 号》企业为雇员负担的个人所得税款，应属于个人工资薪金的一部分。凡单独作为企业管理费列支的，在计算企业所得税时不得税前扣除。同时，属于国有性质的企业，作为工资薪金，不得超过政府有关部门给予的限定数额。

## 八、企业为职工缴纳的“五险一金”，如何在企业所得税前扣除

《企业所得税法实施条例》规定，企业依照国务院有关主管部门或省级人民政府规定范围和标准，为职工缴纳的基本养老保险、基本医疗保险、失业保险、工伤保险、生育保险和住房公积金，准予税前扣除。

企业与职工个人各自承担的保险比例，不符合省级人民政府标准或未实际上缴到社会保险机构的，所列支的“五险一金”不得税前扣除。

## 九、煤炭企业为职工缴纳的人身意外伤害保险，能否在企业所得税前扣除

《企业所得税法实施条例》规定，除企业依国家有关规定为特殊工种职工支付的人身安全保险和国务院财政、税务主管部门规定可以扣除的其他商业保险费外，企业为投资者职工支付的商业保险费，不得税前扣除。

《煤矿安全规程》规定的特殊工种包括：瓦斯检查员、爆破工、信号工、把钩工、电工和各种设备司机以及其他技术性较强工种的工人。特殊工种必须取得相应的职业资格证书。

煤矿企业为特殊工种缴纳的人身意外伤害保险可以税前扣除，为其他职工缴纳的人身意外伤害保险不得税前扣除。

国家税务总局公告 2016 年第 80 号《关于企业所得税有关问题的公告》：企

业职工因公出差乘坐交通工具发生的人身意外保险费支出，准予企业在计算应纳税所得额时扣除。

## 十、大病医疗保险能否在企业所得税税前扣除

根据《企业所得税法实施条例》第三十五条、第三十六条规定大病医疗保险不能在企业所得税税前扣除，但大病医疗保险如果按其性质属于补充医疗保险范围的，且属于为本企业任职或受雇的全体员工支付的，可以根据《企业所得税法实施条例》第三十五条、财税〔2009〕27号《关于补充养老保险费补充医疗保险费有关企业所得税问题的通知》规定，不超过职工工资总额5%标准内的部分可以税前扣除。

## 十一、为高管人员缴纳补充养老保险能否税前扣除

《企业所得税法实施条例》第三十五条规定，企业为投资者或者职工支付的补充养老保险费、补充医疗保险费，在国务院财政、税务主管部门规定的范围和标准内，准予扣除。此外，《财政部　国家税务总局关于补充养老保险费、补充医疗保险费有关企业所得税政策问题的通知》（财税〔2009〕27号）规定，自2008年1月1日起，企业根据国家有关政策规定，为在本企业任职或者受雇的全体员工支付的补充养老保险费、补充医疗保险费，分别在不超过职工工资总额5%标准内的部分，在计算应纳税所得额时准予扣除；超过的部分，不予扣除。

根据上述分析，企业没有为所有员工缴纳补充养老保险是不符合税法规定的，不允许税前扣除。

## 十二、企业列支的工会经费，应如何在税前扣除

企业拨缴的职工工会经费，不超过工资总额的2%部分，凭工会组织开具的《工会经费收入专用收据》税前扣除，也可凭合法、有效的工会经费代收凭据依法在税前扣除。

根据《河北省工会经费代征管理暂行办法》第四条：建立工会组织的单位按每月全部职工工资总额2%，向同级地方税务部门申报缴纳工会经费，全额委托税务部门代征。

工会组织按工资总额的2%收取工会经费后，其中60%返还给基层工会，专项用于工会活动的开支，在基层工会账簿核算。工会的活动开支不属于企业财务核算的范围，企业财务列支的工会活动支出不得在企业所得税前扣除。

## 十三、职工教育经费

1. 职工教育经费税前扣除标准。

自 2018 年 1 月 1 日起，企业发生的职工教育经费支出，不超过工资薪金总额 8% 的部分，准予在计算企业所得税应纳税所得额时扣除；超过部分，准予在以后纳税年度结转扣除。

2. 企业组织员工国内考察学习费用，能否计入“职工教育经费”？为职工报销的学历教育费用，能否计入“职工教育经费”在税前扣除？

根据财建〔2006〕317 号第（五）条：职工教育经费的列支范围主要包括：

（1）上岗和转岗培训；（2）各类岗位适应性培训；（3）岗位培训、职业技术等级培训、高技能人才培训；（4）专业技术人员继续教育；（5）特种作业人员培训；（6）企业组织的职工外送培训的经费支出；（7）职工参加的职业技能鉴定、职业资格认证等经费支出；（8）购置教学设备与设施；（9）职工岗位自学成才奖励费用；（10）职工教育培训管理费用；（11）有关职工教育的其他开支。

第（九）条：企业职工参加社会上的学历教育以及个人为取得学位而参加的在职教育，所需费用应由个人承担，不能挤占企业的职工教育培训经费。

综上所述，企业组织职工国内考察学习的费用和职工学历教育，均不属于职工教育经费的列支范围，不能作为职工教育经费在企业所得税前扣除。

## 十四、业务招待费如何在企业所得税前扣除，需要关注哪些项目

《企业所得税法实施条例》第四十三条，企业发生的与生产经营活动有关的业务招待费支出，按照发生额的 60% 扣除，但最高不得超过当年销售（营业）收入的 5‰。

需要关注的项目：

（1）纳税人应将业务招待费与会议费严格区分，根据《河北省地方税务局关于企业所得税若干业务问题的公告》（2011 年第 1 号）会议费应同时具备以下条件：

①会议名称、时间、地点、目的及参加会议人员花名册；

②会议材料（会议议程、讨论专件、领导讲话）；

③会议召开地酒店（饭店、招待处）出具的服务业专用发票。

企业不能提供上述资料的，其发生的会议费一律不得扣除。

（2）外购礼品、纪念品用于赠送的应作为业务招待费；自制或委托加工的产品对外赠送，对企业产品、形象有宣传作用的，可计入业务宣传费。

（3）纳税人机构所在地的住宿费，一般作为业务招待费。

（4）回扣、贿赂等非法支出，不得作为业务招待费在税前扣除。

## 十五、企业筹建期间发生的招待费、业务宣传费，如何税前扣除

根据《国家税务总局公告》（2012 年第 15 号）规定，企业在筹建期间，发生的与筹办活动有关的业务招待费支出，可按实际发生额的 60% 计入企业筹办费，并按有关规定在税前扣除；发生的广告费和业务宣传费，可按实际发生额计入企业筹办费，并按有关规定在税前扣除。

**【例】**某企业 2012 年列支筹建期间招待费 200 万元，如何在税前扣除？

企业筹建期间发生业务招待费 200 万元时，应将其 40%（80 万元）直接计入管理费用科目，汇算清缴时作纳税调增，其余 60%（120 万元）先通过“长期待摊费用—开办费”科目归集，在开始经营的当年一次性摊入管理费用—开办费，不再受收入 5‰限额的约束。

筹建期间的广告费和业务宣传费全额计入长期待摊费用—开办费，在生产经营的当月一次性摊销，不受收入 15% 限额的约束。

## 十六、企业发生的广告费、业务宣传费，如何税前扣除

根据《企业所得税法实施条例》第四十四条，企业发生的符合条件的广告费和业务宣传费支出，除国务院财政、税务主管部门另有规定外，不超过当年销售（营业）收入 15% 的部分，准予扣除；超过部分，准予在以后纳税年度结转扣除。

## 十七、企业将取得的银行借款无偿让渡给其他企业使用，利息支出税前扣除问题

企业将取得的银行借款无偿让渡给其他企业使用，凡按照《河北省地方税务局河北省国家税务局关于明确企业所得税若干业务问题的公告》（2012 年第 1 号）第九条规定已计算利息收入并入应纳税所得额的，相应的利息支出允许税前扣除。

《河北省国家税务局关于企业所得税若干政策问题的公告》（2014 年 5 号）

## 十八、关于母公司向金融机构借款分拨给子公司使用并向子公司收取利息行为是否适用统借统还业务问题

满足条件的统借统还免征增值税。

财税〔2016〕36 号文件规定，统借统还业务的主体是企业集团或企业集团

中的核心企业以及集团所属财务公司。《企业集团登记管理暂行规定》（工商企字〔1998〕59号）规定，企业集团是指以资本为主要联结纽带的母子公司为主体，以集团章程为共同行为规范的母公司、子公司、参股公司及其他成员企业或机构共同组成的具有一定规模的企业法人联合体。企业集团经登记主管机关核准登记，发给企业集团登记证，该企业集团即告成立。

统借统还业务的主体为企业集团或者企业集团中的核心企业，且该企业集团应当按规定到主管工商行政管理部门办理企业集团登记证。因此，母公司向金融机构借款分拨给子公司使用并向子公司收取利息是否适用统借统还，应以其取得企业集团登记证为前提。

**注意事项：**

1. 基础：企业集团。

统借统还中集团公司和企业集团公司的界定，企业集团不等于集团公司。

2. 资金来源：金融机构借款，对外发行债券——小额贷款公司不行。

3. 营改增后扣除凭证：营改增前因为不征税所以可以没有发票，凭收据利息分割单即可，营改增后需要凭发票入账，虽然统借方收到利息免增值税，但免税并不影响他开具免税的发票。

4. 利率不高于、低于和等于。

## 十九、企业租用个人车辆发生的汽油费、维修费等支出税前扣除问题

《河北省国家税务局关于企业所得税若干政策问题的公告》（2014年5号）

根据《税法》第八条规定："企业实际发生的与取得收入有关的、合理的支出，包括成本、费用、税金、损失和其他支出，准予在计算应纳税所得额时扣除。"企业租用个人的车辆，须与个人签订租赁合同或协议，如租赁合同或协议中明确规定该车发生的汽油费、维修费等支出由企业负担的，企业可根据合同协议的约定及证明该费用发生的合法、有效凭证在税前扣除。

《河北省地方税务局关于企业所得税若干业务问题的公告》（2014年4号）

企业因业务需要，可以租用租车公司或个人的车辆，但必须签订六个月以上的租赁协议，租赁协议中规定的汽油费、修车费、过路过桥费等支出允许在税前扣除。

## 二十、企业职工通讯费的税前扣除问题

《河北省地方税务局关于企业所得税若干业务问题的公告》（2014年4号）

企业在依据真实、合法的凭据为本企业职工（已签订劳动合同）报销的与

取得应税收入有关的合理的办公通讯费用，准予在税前据实扣除。

《河北省国家税务局关于印发〈企业所得税若干政策问题解答〉的通知》（2013 年 161 号）

根据《国家税务总局关于企业工资、薪金及职工福利费扣除问题的通知》（国税函〔2009〕3 号）、《财政部关于企业加强职工福利费财务管理的通知》（财企〔2009〕242 号）规定，企业为职工凭票报销的通讯费，应计入职工福利费；企业以现金形式按月按标准发放或支付给全体职工的通讯补贴，应计入职工工资薪金。

## 二十一、企业支付离退休人员的费用是否可以税前扣除

根据税法第十条规定，企业与取得收入无关的其他支出不得税前扣除。企业为已纳入社会统筹的离退休人员发放的过节费、生活补贴、报刊费、医疗费等支出，属于与生产经营无关的支出，不允许税前扣除。

《河北省国家税务局关于企业所得税若干政策问题的公告》（2014 年 5 号）

## 二十二、煤炭企业计入生产成本的专用工具，税法是如何规定的

原煤生产中使用的 12 种专用工具，是指风钻（煤电钻）、风镐、矿灯、7.5KW 以下的电动机和水泵、200A 以下的低值防爆开关、IOKVA 以下的变压器、局部通风机、容量在 4 吨以下的矿车（坑木台车、平板车）、综合保护器、自救器和瓦斯检定器。

会计核算计入生产成本，账务处理，

借：生产成本

　　贷：原材料

税法规定，这 12 种专用工具应当按固定资产来管理，不能一次性税前扣除。

## 二十三、煤炭企业的木材、支护用品、大型材料、配件作为材料处理，计入生产成本。税务处理上应注意的问题

1. 这些材料如果用于主巷道的开拓延伸，符合资本化条件的，应当以折旧或摊销的方式来扣除，而不能一次性计入生产成本中。

2. 煤炭生产中，材料可以回收利用，企业已经计入当期生产成本，账上不再反映，税务部门将关注这部分资产的回收再用与出售情况。

3. 对于计提的存货跌价准备，不能在税前扣除，形成税会差异。

## 二十四、火工产品能否计入生产成本？如何在税前扣除

火工产品作为生产煤炭的原材料，可以在实际领用时计入生产成本，

借：生产成本或制造费用

　　贷：原材料

税法上对于实际领用的火工产品，允许作为成本费用列支。

## 二十五、煤炭企业内部食堂、招待所费用，如何在税前扣除，需要取得哪些合法票据

职工食堂为不需要办理税务登记的内设机构，属于企业的福利部门，与职工食堂有关的人员工资应在职工福利费中列支。企业职工应通过向食堂购买餐票用餐，食堂收支差额计入企业职工福利费。对于食堂招待客人的费用，应由企业承担，凭内部的资金往来单据入账，在“管理费用—业务招待费”科目列支。职工食堂、招待所购买原材料应凭合法手续入账，关于合法的入账手续可以参照以下文件：《河北省餐饮业所得税征收管理办法》（冀地税发〔2010〕30 号）第十六条纳税人的下列原材料和日用品必须取得合法票据，否则，在计征所得税时不得扣除：

（1）烟、酒、饮料、米、面、肉食、海鲜等构成主要成本的原料；

（2）台布、餐巾、碗筷、酱油、醋、盐、油等日用品。

第十七条　纳税人采购的各类瓜、果、蔬菜、食用菌和鲜蛋等确实无合法票据的，应凭真实有效凭证予以扣除。真实有效凭证必须同时具备以下条件：

（1）本单位采购人员出具的采购单，采购单应记载采购物品的名称、数量、单价、金额、采购的时间、地点以及采购人和供货人的签字等；

（2）本单位采购供应部门负责人、库存保管人员出具的验收入库证明；

（3）本单位餐饮部经理出具的签字证明。

## 二十六、企业发生的捐赠支出，如何税前扣除

《关于公益性捐赠支出企业所得税税前结转扣除有关政策的通知》（财税〔2018〕15 号）

1. 企业通过公益性社会组织或者县级（含县级）以上人民政府及其组成部门和直属机构，用于慈善活动、公益事业的捐赠支出，在年度利润总额 12% 以内的部分，准予在计算应纳税所得额时扣除；超过年度利润总额 12% 的部分，准予结转以后三年内在计算应纳税所得额时扣除。

本条所称公益性社会组织，应当依法取得公益性捐赠税前扣除资格。

本条所称年度利润总额，是指企业依照国家统一会计制度的规定计算的大于零的数额。

2. 企业当年发生及以前年度结转的公益性捐赠支出，准予在当年税前扣除的部分，不能超过企业当年年度利润总额的12%。

3. 企业发生的公益性捐赠支出未在当年税前扣除的部分，准予向以后年度结转扣除，但结转年限自捐赠发生年度的次年起计算最长不得超过三年。

4. 企业在对公益性捐赠支出计算扣除时，应先扣除以前年度结转的捐赠支出，再扣除当年发生的捐赠支出。

## 二十七、煤矿企业安全费、维简费的使用范围是如何规定的？如何进行会计处理及纳税调整

1. 安全生产费用是指企业按照规定标准提取，在成本中列支，专门用于完善和改进企业安全生产条件的资金，应按以下规定范围使用：

（1）完善、改造和维护安全防护设备、设施支出，其中，矿山企业安全设备设施是指矿山综合防尘、地质监控、防灭火、防治水、危险气体监测、通风系统，支护及防治边帮滑坡设备、机电设备、供配电系统、运输（提升）系统以及尾矿库（坝）等；

（2）配备必要的应急救援器材、设备和现场作业人员安全防护物品支出；

（3）安全生产检查与评价支出；

（4）重大危险源、重大事故隐患的评估、整改、监控支出；

（5）安全技能培训及进行应急救援演练支出；

（6）其他与安全生产直接相关的支出。

2. 煤矿维简费，主要用于煤矿生产正常接续的开拓延深、技术改造等，以确保矿井持续稳定和安全生产，提高效率。具体使用范围是：

（1）矿井（露天）开拓延深工程；（2）矿井（露天）技术改造；（3）煤矿固定资产更新、改造和固定资产零星购置；（4）矿区生产补充勘探；（5）综合利用和“三废”治理支出；（6）大型煤矿一次拆迁民房50户以上的费用和中小煤矿采动范围的搬迁赔偿；（7）矿井新技术的推广；（8）小型矿井的改造联合工程。

3. 会计处理（煤矿企业提取的维简费，比照以下规定处理）。

高危行业企业按照国家规定提取的安全生产费，应当计入相关产品的成本或当期损益，同时计入“专项储备”科目。

企业使用提取的安全生产费时，属于费用性支出的，直接冲减专项储备。形成固定资产的，应当通过“在建工程”科目归集所发生的支出，待项目完工达到预定可使用状态时确认为固定资产，同时，按照形成固定资产的成本冲减专项储备，并确认相同金额的累计折旧。该固定资产以后期间不再计提折旧。

“专项储备”科目期末余额在资产负债表所有者权益项下“库存股”和“盈余公积”之间增设“专项储备”项目反映，会计分录：

提取安全生产费用时，借：生产成本或制造费用

贷：专项储备

发生费用性支出时，借：专项储备

贷：银行存款等

购置安全设备等固定资产时，借：在建工程

应交税费——应交增值税（进项税额）

贷：银行存款等

达到预定可使用状态时，借：固定资产

贷：在建工程

同时按形成固定资产的成本一次性，借：专项储备

贷：累计折旧

4. 纳税调整。

《国家税务总局关于煤矿企业维简费和高危行业企业安全生产费用企业所得税税前扣除问题的公告》（2011 年 26 号公告）规定，自 2011 年 5 月 1 日起，煤矿企业实际发生的维简费支出和高危行业企业实际发生的安全生产费用支出，属于收益性支出的，可直接作为当期费用在税前扣除；属于资本性支出的，应计入有关资产成本，并按企业所得税法规定计提折旧或摊销费用在税前扣除。企业按照有关规定预提的维简费和安全生产费用，不得在税前扣除。

本公告实施前提取尚未使用的维简费和高危行业企业安全生产费用，应用于抵扣公告实施后的当年度实际发生的维简费和安全生产费用，仍有余额的，继续用于抵扣以后年度发生的实际费用，至余额为零时，企业方可按以上规定执行。

**【例】**某煤矿企业 2011 年 4 月底专项储备—安全生产费的账面余额 60 万元，2011 年 5 ~ 12 月计提安全生产费 10 万元，累计使用 120 万元，其中费用化支出 20 万元，11 月购置安全生产设备价值 100 万元，企业一次性冲减了专项储备，应如何进行纳税调整？

费用化支出 20 万元直接冲减专项储备结余，会计税务处理一致；

资本化支出 100 万元，其中 40 万元直接冲减专项储备余额，60 万元部分当

年折旧0.5万元（按10年不考虑残值）冲减5～12月计提的安全生产费，差额9.5万元（10－0.5）纳税调增。

**★特别注意：** 2011年4月底专项储备有结余的，5月1日以后购置的安全、维简设备可以全额一次性冲减专项储备，余额用完以后，新购置的安全、维简设备，只能将按规定计提的折旧额冲减2011年5月1日以后提取的安全、维简费。

## 二十八、井巷工程如何进行会计处理？税法是如何规定的

矿山井巷工程是矿山维持正常回采作业所需的竖井、斜井（含斜坡道）、溜矿井、天井、隧道、平巷、各种地下硐室工程等的总称。井巷工程，完工后转做固定资产，不能像设备一样提取折旧，而是提取“井巷费”，井巷费就相当于设置的折旧。

1. 相关会计处理。

煤矿筹建，井巷工程建设期间：

借：在建工程

　　贷：原材料（银行存款等）

井巷工程完工，借：固定资产

　　　　　　　　　　贷：在建工程

生产经营月份提取井巷维简费，借：制造费用—井巷维简费

　　　　　　　　　　　　　　　　　贷：专项储备—井巷费

月末将井巷费余额转入固定资产折旧，借：专项储备—井巷费

　　　　　　　　　　　　　　　　　　　　贷：累计折旧

煤矿接续生产期间形成的井巷工程，建设期间：

借：在建工程

　　贷：原材料（银行存款等）

井巷工程完工，借：固定资产

　　　　　　　　　　贷：在建工程

同时，借：专项储备

　　　　贷：累计折旧

2. 相关税务处理。

《国家税务总局关于煤矿企业维简费和高危行业企业安全生产费用企业所得税税前扣除问题的公告》规定，自2011年5月1日起，企业按照有关规定预提的维简费和安全生产费用，不得在税前扣除。

筹建期间的井巷工程，可以按实际发生的维简费中井巷费的金额作为计提折旧的基数，按税法规定的年限计提折旧在税前扣除；持续生产期间形成的井巷工程，应当按税法规定在不短于20年的期限计提折旧并税前扣除。

## 二十九、回风巷是如何进行会计处理的？税法上是怎么规定的

回风巷分为总回风巷、主回风巷、采区回风巷、工作面回风巷。

1. 会计处理。

（1）总回风巷及主回风巷一般在矿井新建时已经设计好，并且使用时间较长，符合固定资产的定义，作为“固定资产—建筑物”处理，对于这类回风巷应当按井巷工程按煤炭产量计提折旧。如果是开拓延伸中开采的主回风巷，通过计提的维简费等自有资金或是通过安全费用资金来实施，账务处理如下：

即开拓回风巷道时，借：在建工程

贷：银行存款等

工程完工形成资产时，借：固定资产—建筑物（××回风巷）

贷：在建工程

同时，借：专项储备

贷：累计折旧（一次性全额计提折旧）

（2）采区回风巷和工作面回风巷是为了煤矿生产的正常接续而进行的，由于使用时间不固定，并随着采区和工作面的开采结束而报废。账务处理时直接计入生产成本。

2. 税务处理。

自2011年5月1日起，筹建期间的总回风巷或主回风巷，按实际发生的维简费中的井巷费的金额作为计提折旧的基数，按税法的规定计提折旧并在税前扣除；接续生产期间形成固定资产的回风巷，应当按税法规定不低于20年的期限计提折旧并在税前扣除。对于采区或采面回风巷，一般不符合固定资产的标准，应当计入当期生产成本并税前扣除。

## 三十、煤炭企业计提的各种准备金，是否能税前扣除

《企业所得税法》第十条，未经核定的准备金不得税前扣除。

## 三十一、煤炭企业提取的环境治理保证金能否税前扣除

《企业所得税法实施条例》第四十五条规定，企业依照法律、行政法规有关规定提取的用于环境保护、生态恢复等方面的专项资金，准予扣除。专项资金改

变用途的，不得扣除。

目前，安徽省、山西省出台了《治理保证金提取使用管理办法》，福建省地方税务局出台的《关于生态恢复治理保证金税前扣除问题的通知》规定，向国土资源行政主管部门缴纳或为生态恢复而实际发生的环境治理保证金允许税前扣除，河北省没有出台相关的规定，对提取未使用、未上缴的环境治理保证金不得税前扣除。

## 三十二、煤矿企业提取风险抵押金的使用范围是如何规定的，如何进行会计处理，能否在企业所得税前扣除

1. 安全风险抵押金，是指煤矿企业以其法人名义将本企业资金专户存储，用于本企业生产安全事故抢险、救灾和善后处理的专项资金。

2. 会计处理，安全风险抵押金存储时，

借：银行存款—专项存款

　　贷：银行存款

3. 安全风险抵押金用于本企业生产安全事故抢险、救灾和善后处理，在税法上属于一项损失，需要按《国家税务总局公告》（2018 年 15 号）的规定，留存备查资料。

## 三十三、企业财产损失如何税前扣除？以前年度发生的损失，能否再申报扣除

《国家税务总局公告》（2011 年第 25 号）企业发生的资产损失，应按规定的程序和要求向主管税务机关申报后方能在税前扣除。未经申报的损失，不得在税前扣除。

企业实际资产损失，应当在其实际发生且会计上已作损失处理的年度申报扣除；法定资产损失，应在符合法定资产损失确认条件，且会计上已作损失处理的年度申报扣除。企业以前年度发生的资产损失未能在当年税前扣除的，可以按照规定，向税务机关说明并进行专项申报扣除。其中，属于实际资产损失，准予追补至该项损失发生年度扣除，其追补确认期限一般不得超过五年，特殊原因形成的，其追补确认期限经国家税务总局批准后可适当延长。

## 三十四、企业财产损失按申报内容和要求的不同，分为清单申报和专项申报两种形式，分别适用于哪些损失？需要准备哪些留存备查资料

1. 哪些财产损失，应以清单申报的方式税前扣除？

（1）企业在正常经营管理活动中，按照公允价格销售、转让、变卖非货币

资产的损失；

（2）企业各项存货发生的正常损耗；

（3）企业固定资产达到或超过使用年限而正常报废清理的损失；

（4）企业按照市场公平交易原则，通过各种交易场所、市场等买卖债券、股票、期货、基金以及金融衍生产品等发生的损失。

2. 清单申报的财产损失，需要准备哪些留存备查资料？

属于清单申报的资产损失，企业可按会计核算科目进行归类、汇总，然后再将汇总清单报送税务机关，有关会计核算资料和纳税资料留存备查。清单申报的格式参照《河北省国家税务局公告》（2011 年第 2 号）文件要求。

3. 哪些损失需要专项申报？如何税前扣除？

清单申报以外的资产损失，应以专项申报的方式向税务机关申报扣除。企业无法准确判别是否属于清单申报扣除的资产损失，可以采取专项申报的形式申报扣除。属于专项申报的资产损失，企业应逐项（或逐笔）报送申请报告，同时附送会计核算资料及其他相关的纳税资料。根据《国家税务总局公告》（2018 年第 15 号）2017 年度及以后年度企业所得税汇算清缴企业向税务机关申报扣除资产损失，仅须填报企业所得税年度纳税申报表《资产损失税前扣除及纳税调整明细表》，不再报送资产损失相关资料。相关资料由企业留存备查。

## 三十五、对无法收回的应收账款，可以作为财产损失申报扣除吗

企业逾期三年以上的应收款项在会计上已作为损失处理的，可以作为坏账损失，但应说明情况，并出具专项报告。

企业逾期一年以上，单笔数额不超过 5 万元或者不超过企业年度收入总额万分之一的应收款项，会计上已经作为损失处理的，可以作为坏账损失，但应说明情况，并出具专项报告。

## 三十六、存货报废、毁损或变质损失，需要准备哪些留存备查资料

存货计税成本扣除残值及责任人赔偿后的余额，依据以下材料确认为财产损失：

1. 存货计税成本的确定依据；
2. 企业内部关于存货报废、毁损、变质、残值情况说明及核销资料；
3. 涉及责任人赔偿的，应当有赔偿情况说明；
4. 该项损失数额较大的，应有专业技术鉴定意见或法定资质中介机构出具

的专项报告等（损失数额较大，指占企业该类资产计税成本 10% 以上，或减少当年应纳税所得、增加亏损 10% 以上）。

## 三十七、固定资产报废、毁损损失，需要准备哪些留存备查资料

固定资产账面净值扣除残值和责任人赔偿后的余额，依据以下证据材料确认为财产损失：

1. 固定资产的计税基础相关资料；
2. 企业内部有关责任认定和核销资料；
3. 企业内部有关部门出具的鉴定材料；
4. 涉及责任赔偿的，应当有赔偿情况的说明；
5. 损失金额较大的或自然灾害等不可抗力原因造成固定资产毁损、报废的，应有专业技术鉴定意见或法定资质中介机构出具的专项报告等。

## 三十八、尾矿库达到设计使用年限报废资产损失税前扣除问题

《河北省国家税务局关于企业所得税若干政策问题的公告》(2014 年 5 号)

根据《国家税务总局关于发布〈企业资产损失所得税税前扣除管理办法〉的公告》（国家税务总局公告 2011 年第 25 号）第三条规定，达到设计使用年限报废的尾矿库，因特殊原因无法处置的，由企业提供书面说明，可以按照《国家税务总局关于发布〈企业资产损失所得税税前扣除管理办法〉的公告》（国家税务总局公告 2011 年第 25 号）第三十条的规定，以尾矿库的账面净值确认为损失金额在税前扣除。已在税前申报扣除损失的尾矿库以后年度又处置的，处置收入应计入处置年度的应纳税所得额。

## 三十九、企业正常销售的产品因市场价格波动造成售价低于成本的差额是否应作为资产损失进行清单申报问题

《河北省国家税务局关于企业所得税若干政策问题的公告》(2014 年 5 号)

根据《实施条例》第三十二条规定，损失是指企业在生产经营活动中发生的固定资产和存货的盘亏、毁损、报废损失，转让财产损失，呆账损失，坏账损失，自然灾害等不可抗力因素造成的损失及其他损失。企业正常销售的产品因市场价格波动造成的售价低于成本的差额，不属于《实施条例》第三十二条规定的损失，因此不需进行清单申报。

## 四十、煤炭企业支付的压煤村庄搬迁费如何进行会计处理？税法上是如何规定的

对于压煤村庄搬迁费如何处理，会计和税法上都没有明确的规定。采煤企业“先搬迁后开采”，搬迁费与当期生产经营没有直接关系，企业支付的压煤村庄搬迁费一般不能直接在支付的当期列支。

煤炭企业在压煤村庄搬迁中取得的置换土地，应当作为无形资产核算，税法规定摊销年限不得少于10年。煤炭企业支付的其他压煤村庄搬迁费，可以计入长期待摊费用，从压煤村庄资源开采时计算，在不短于3年的受益期内摊销扣除。

## 四十一、关于固定资产折旧

1. 税法对固定资产的折旧年限是如何规定的？

《企业所得税法》第六十条规定，除国务院财政、税务主管部门另有规定外，固定资产计算折旧的最低年限如下：

（1）房屋、建筑物，为20年；

（2）飞机、火车、轮船、机器、机械和其他生产设备，为10年；

（3）与生产经营活动有关的器具、工具、家具等，为5年；

（4）飞机、火车、轮船以外的运输工具，为4年；

（5）电子设备，为3年。

《关于企业所得税应纳税所得额若干问题的公告》（国家税务总局公告2014年第29号）

（1）企业固定资产会计折旧年限如果短于税法规定的最低折旧年限，其按会计折旧年限计提的折旧高于按税法规定的最低折旧年限计提的折旧部分，应调增当期应纳税所得额；企业固定资产会计折旧年限已期满且会计折旧已提足，但税法规定的最低折旧年限尚未到期且税收折旧尚未足额扣除，其未足额扣除的部分准予在剩余的税收折旧年限继续按规定扣除（如企业自行修建的固定资产达到预计可使用状态，会计上在建工程转固定资产并计提折旧，税法规定竣工决算手续办完后才能转并计提，每年调增，会计先提完，税法后提完，会计不提了税法剩余的还可以扣除，只要税会每年计提金额相同，先不要调账）。

（2）企业固定资产会计折旧年限如果长于税法规定的最低折旧年限，其折旧应按会计折旧年限计算扣除，税法另有规定除外（加速折旧可以账务不处理，税法加速，这样会计年限长于税法年限，但与此文并不冲突，那是一项优惠政

策，此文说的是正常的折旧，且税法另有规定除外）。

（3）企业按会计规定提取的固定资产减值准备，不得税前扣除，其折旧仍按税法确定的固定资产计税基础计算扣除。

（4）企业按税法规定实行加速折旧的，其按加速折旧办法计算的折旧额可全额在税前扣除。

2. 关于设备、器具折旧。

企业在2018年1月1日至2020年12月31日期间新购进的设备、器具，单位价值不超过500万元的，允许一次性计入当期成本费用在计算应纳税所得额时扣除，不再分年度计算折旧；单位价值超过500万元的，仍按《企业所得税法实施条例》《财政部　国家税务总局关于完善固定资产加速折旧企业所得税政策的通知》（财税〔2014〕75号）、《财政部　国家税务总局关于进一步完善固定资产加速折旧企业所得税政策的通知》（财税〔2015〕106号）等相关规定执行。

## 四十二、固定资产的大修理支出如何税前扣除

《企业所得税法》第十三条规定，在计算应纳税所得额时，企业发生的下列支出作为长期待摊费用，按照规定摊销的，准予扣除：

（1）已足额提取折旧的固定资产的改建支出；

（2）租入固定资产的改建支出；

（3）固定资产的大修理支出；

（4）其他应当作为长期待摊费用的支出。

《企业所得税法实施条例》第六十九条，固定资产的大修理支出，是指同时符合下列条件的支出：修理支出达到取得固定资产时的计税基础50%以上；修理后固定资产的使用年限延长2年以上。固定资产的大修理支出，按照资产尚可使用年限分期摊销。若企业发生的大修理支出不符合上述条件，可在当期一次性扣除。

《企业自有房屋的装修费税前扣除问题》（河北省2014年5号）

根据《实施条例》第七十条和《国家税务总局关于企业所得税若干问题的公告》（国家税务总局公告2011第34号）的规定，企业自有房屋的装修费如属于提升功能、增加面积的改扩建支出，并入房屋的计税基础，并从改扩建完工投入使用后的次月起，重新按税法规定的该房屋折旧年限计提折旧，如该改扩建后的房屋尚可使用年限低于税法规定的最低年限的，可以按尚可使用年限计提折

旧。除改扩建支出外，企业自有房屋的装修费，应作为其他长期待摊费用，自支出发生的次月起分期摊销，摊销年限不得低于 3 年。

## 四十三、房屋、建筑物改扩建，如何进行税务处理

根据《国家税务总局关于企业所得税若干问题的公告》，企业对房屋、建筑物固定资产在未足额提取折旧前进行改扩建的，如属于推倒重置的，该资产原值减除提取折旧后的净值，应并入重置后的固定资产计税成本，并在该固定资产投入使用后的次月起，按照税法规定的折旧年限，一并计提折旧。

如属于提升功能、增加面积的，该固定资产的改扩建支出，并入该固定资产计税基础，并从改扩建完工投入使用后的次月起，重新按税法规定的折旧年限计提折旧，如改扩建后的固定资产尚可使用的年限低于税法规定的最低年限的，可以按尚可使用的年限计提折旧。

## 四十四、土地使用权摊销问题

根据《实施条例》第六十七条规定，土地使用权的摊销年限不得低于 10 年。作为投资或者受让的土地使用权，可以按照有关法律规定或者合同约定的使用年限分期摊销。

土地一般都有使用期限，在土地证上，合同若约定就 10 年，那 50 年的土地 10 年摊合理。

## 四十五、煤炭企业跨地区经营，如何汇总缴纳企业所得税

1. 《企业所得税法》第五十条，居民企业在中国境内设立不具有法人资格的营业机构的，应当汇总计算并缴纳企业所得税。企业实行“统一计算、分级管理、就地预缴、汇总清算、财政调库”的企业所得税征收管理办法。

2. 总机构和分支机构应分期预缴的企业所得税，50% 在各分支机构间分摊预缴，50% 由总机构预缴。有以下两种分摊方法：

（1）按照当期实际利润额预缴的税款分摊方法。

总机构根据统一计算的企业当期实际应纳所得税额，在每月或季度终了后 10 日内，按照各分支机构应分摊的比例，将本期企业全部应纳所得税额的 50% 在各分支机构之间进行分摊并通知到各分支机构；各分支机构应在每月或季度终了之日起 15 日内，就其分摊的所得税额向所在地主管税务机关申报预缴。总机构根据统一计算的企业当期应纳所得税额的 50%，在每月或季度终了后 15 日内

自行就地申报预缴。

(2) 按照上年度应纳税所得额的1/12或1/4预缴的税款分摊方法。

总机构根据上年汇算清缴统一计算应缴纳所得税额的1/12或1/4，在每月或季度终了之日起10日内，按照各分支机构应分摊的比例，将本期企业全部应纳所得税额的50%在各分支机构之间进行分摊并通知到各分支机构；各分支机构应在每月或季度终了之日起15日内，就其分摊的所得税额向所在地主管税务机关申报预缴。

总机构根据上年汇算清缴统一计算应缴纳所得税额的1/12或1/4，将企业全部应纳所得税额的50%部分，在每月或季度终了后15日内自行向所在地主管税务机关申报预缴。

分支机构未按税款分配数额预缴所得税造成少缴税款的，主管税务机关应按照《征收管理法》的有关规定对其处罚，并将处罚结果通知总机构所在地主管税务机关。

3. 汇总纳税企业应当自年度终了之日起5个月内，由总机构汇总计算企业年度应纳所得税额，扣除总机构和各分支机构已预缴的税款，计算出应缴应退税款，按照本办法规定的税款分摊方法计算总机构和分支机构的企业所得税应缴应退税款，分别由总机构和分支机构就地办理税款缴库或退库。

## 四十六、各分支机构分摊税款的比例，是如何规定的

按上年度分支机构全年的经营收入、职工工资和上年度12月31日资产总额三个因素计算各分支机构应分摊所得税款的比例，三因素的权重依次为0.35、0.35、0.30。计算公式如下：

$$\begin{aligned}\text{某分支机构分摊比例} &= (\text{该分支机构营业收入}/\text{各分支机构营业收入之和})\times 0.35\\ &+(\text{该分支机构工资总额}/\text{各分支机构工资总额之和})\times 0.35\\ &+(\text{该分支机构资产总额}/\text{各分支机构资产总额之和})\times 0.30\end{aligned}$$

以上公式中分支机构仅指需要就地预缴的分支机构，该税款分摊比例按上述方法一经确定后，当年不作调整。

新设立的分支机构，设立当年不就地预缴企业所得税。

总机构应在每年6月20日前，将依照上述方法计算确定的各分支机构当年应分摊税款的比例，填入《中华人民共和国企业所得税汇总纳税分支机构分配表》，报送总机构所在地主管税务机关，同时下发各分支机构。

分支机构所在地主管税务机关对总机构计算确定的分摊所得税款比例有异议的，应于收到《中华人民共和国企业所得税汇总纳税分支机构分配表》后30日内向企业总机构所在地主管税务机关提出书面复核建议，并附送相关数据资料。总机构所在地主管税务机关必须于收到复核建议后30日内，对分摊税款的比例进行复核，并作出调整或维持原比例的决定。分支机构所在地主管税务机关应执行总机构所在地主管税务机关的复核决定。

## 四十七、实行汇总纳税的煤炭企业二级机构如何进行判定

二级分支机构是指总机构对其财务、业务、人员等直接进行统一核算和管理的领取非法人营业执照的分支机构。

总机构应及时将其所属二级分支机构名单报送总机构所在地主管税务机关，并向其所属二级分支机构及时出具有效证明（包括：总机构拨款证明、总分机构协议或合同、公司章程、管理制度等）。

二级分支机构在办理税务登记时，应向其主管税务机关报送非法人营业执照（复印件）和由总机构出具的二级分支机构的有效证明。

以总机构名义进行生产经营的非法人分支机构，无法提供有效证据证明其二级及二级以下分支机构身份的，应视同独立纳税人计算并就地缴纳企业所得税。

## 四十八、对未按照规定准确分摊税款的汇总纳税企业应如何处理

汇总纳税企业未按照规定准确计算分摊税款，造成总机构与分支机构之间同时存在一方（或几方）多缴另一方（或几方）少缴税款的，其总机构或分支机构分摊缴纳的企业所得税低于按本办法规定计算分摊的数额的，应在下一税款缴纳期内，由总机构将按本办法规定计算分摊的税款差额分摊到总机构或分支机构补缴；其总机构或分支机构就地缴纳的企业所得税高于按本办法规定计算分摊的数额的，应在下一税款缴纳期内，由总机构将按本办法规定计算分摊的税款差额从总机构或分支机构的分摊税款中扣减。

## 四十九、汇总缴纳企业所得税的企业，总、分机构发生财产损失如何申报扣除

1. 总机构及其分支机构发生的资产损失，除应按专项申报和清单申报的有关规定，各自向当地主管税务机关申报外，各分支机构同时还应上报总机构。

2. 总机构对各分支机构上报的资产损失，除税务机关另有规定外，应以清

单申报的形式向当地主管税务机关进行申报。

3. 总机构将跨地区分支机构所属资产捆绑打包转让所发生的资产损失，由总机构向当地主管税务机关进行专项申报。

## 五十、母公司向子公司收取的“服务费”如何税前扣除

根据《国家税务总局关于母子公司间提供服务支付费用有关企业所得税处理问题的通知》：“母公司向其子公司提供各项服务，双方应签订服务合同或协议，明确规定提供服务的内容、收费标准及金额等，凡按上述合同或协议规定所发生的服务费，母公司应作为营业收入申报纳税；子公司作为成本费用在税前扣除。母公司以管理费形式向子公司提取费用，子公司因此支付给母公司的管理费，不得在税前扣除。”

子公司申报税前扣除向母公司支付的服务费用，应向主管税务机关提供与母公司签订的服务合同或者协议等与税前扣除该项费用相关的材料。不能提供相关材料的，支付的服务费用不得税前扣除。

**【例】**某煤矿为其独立核算的子公司提供技术咨询安全管理服务，收取品牌使用费，如何纳税？

技术咨询安全管理服务为技术咨询服务，母子公司须签订技术咨询服务协议，约定具体的服务内容、使用期限、收费标准及违约责任等，属于“营改增—现代服务业”的纳税范围，适用增值税税率11%，目前没有相关的税收优惠。

品牌使用费属于“技术转让服务”，母子公司应签订品牌使用协议，约定具体的使用项目、品牌效果、使用期限、收费标准及违约责任等，属于“营改增—现代服务业”的纳税范围，适用增值税税率11%，目前没有相关的税收优惠。

## 五十一、如何界定煤炭企业归属国税机关还是地税机关管理

以2008年为基年，2008年年底之前国家税务局、地方税务局各自管理的企业所得税纳税人不作调整。2009年起新增企业所得税纳税人中，应缴纳增值税的企业其企业所得税由国家税务局管理，应缴纳营业税的企业其企业所得税由地方税务局管理。既缴纳增值税又缴纳营业税的企业，原则上按照其税务登记时自行申报的主营业务应缴纳的流转税税种确定征管归属；企业税务登记时无法确定主营业务的，一般以工商登记注明的第一项业务为准。

2008年年底之前已成立跨区经营汇总纳税企业，2009年起新设立的不具有法人资格的分支机构，其企业所得税的征管部门应与总机构征管部门相一致。

2009年起新增跨区经营汇总纳税企业，总机构按基本规定确定的原则划分征管归属，其分支机构企业所得税的管理部门也应与总机构企业所得税管理部门相一致。

## 五十二、分别说明企业自查和税务查补税款，如何进行账务处理

1. 企业所得税。

企业自查进行企业所得税项目调整，应视不同情况分别处理：

（1）属于财务报表涵盖期间当期金额错误或会计科目运用错误等，对当期损益和应纳税所得额产生影响，应在当期内及时进行差错更正，按照“蓝字补充、红字冲销”原则调整涉及的金额和会计科目，不影响汇算清缴。

（2）年度财务报告资产负债表日次日至汇算清缴前，自查发现报告年度会计差错，并对报告年度损益及应纳税所得额产生影响，汇算清缴时应以更正后的利润总额为基础计算应纳税所得额。

（3）自查发现以前年度（不含报告年度）会计差错，并对损益及所得税产生影响的，应进行追溯调整。

税务机关检查发现有企业所得税调整事项的，会计处理相同。

**【例】**集团公司在2013年3月进行自查自纠，发现以下调整事项：2013年2月发生职工福利费2万元错计入业务招待费；2012年度少提折旧10万元，2011年销售费用23万元错记为32万元；计提财务利息40万元，未实际支付，已在税前扣除；账务处理如下：

借：管理费用—业务招待费　　-20000

借：应付职工薪酬—职工福利费　　20000

不影响汇算清缴！

借：以前年度损益调整　　100000

　　贷：累计折旧　　100000

借：应交税费—应交所得税　　25000

　　贷：以前年度损益调整　　25000

借：利润分配—未分配利润　　75000

　　贷：以前年度损益调整　　100000

汇算清缴时应以更正后的利润总额为基础，计算应纳税所得额！

23万元错计为32万元：

借：应付账款　　90000

贷：以前年度损益调整　　90000

借：以前年度损益调整　　22500

贷：应交税费—企业所得税　　22500

借：以前年度损益调整　　67500

贷：利润分配—未分配利润　　67500

计提财务利息 40 万元，未实际支付，属于税法与会计的差异，不需要账务处理，但是影响所得税 10 万元，须调整所得税费用：

借：以前年度损益调整　　100000

贷：应缴税费—企业所得税　　100000

借：利润分配—未分配利润　　100000

贷：以前年度损益调整　　100000

如果是税务检查发现的，因 2011 年少缴企业所得税 122500 元，可处罚款 61250 元，若加收滞纳金 0.96 万元，账务处理：

借：营业外支出—罚款　　61250

—税收滞纳金　　9600

贷：银行存款　　70850

2. 增值税。

企业自查发现的增值税调整项目，应重点理解和把握《中华人民共和国增值税暂行条例》第十条和《中华人民共和国增值税暂行条例实施细则》第四条有关增值税视同销售和进项税额转出的处理原则，按照《企业会计准则第 28 号——会计政策、会计估计变更和差错更正》有关规定进行差错更正处理。

**【例】**节日期间企业购入米、面、油 5 万元，进项税额 0.85 万元，用于职工福利发放，账务处理：

购进时：借：原材料　　50000

应交税费—应交增值税—进项税额　　8500

贷：银行存款　　58500

发放时：借：应付职工薪酬—职工福利费　　50000

贷：原材料　　50000

自查作进项税额转出时，

借：应付职工薪酬—职工福利费　　8500

贷：应交税费—应交增值税（进项税额转出）　　8500

**【例】**购进原材料 10 万元，进项税 1.7 万元，用于不动产项目，账务处理：

购进材料时，借：原材料　　100000

应交税费—应交增值税（进项税额）　17000
贷：银行存款　117000
领用时，借：在建工程　100000
贷：原材料　100000
自查作进项税转出时，
借：在建工程　17000
贷：应交税费—应交增值税（进项税额转出）　17000

对税务主管部门检查发现的增值税差错，账务处理时，应增设“应交税费—增值税检查调整”科目。

税务检查后，应调减账面进项税额或调增销项税额和进项税额转出数额的，应，借：生产成本等
贷：应交税费—增值税检查调整

税务检查后，应调增账面进项税额或调减销项税额和进项税额转出数额的，应，借：应交税费—增值税检查调整
贷：生产成本等

若“应交税费—增值税检查调整”科目余额在借方，全部视同留抵进项税额，按借方余额数，借记“应交税费—应交增值税（进项税额）”科目，贷记本科目。

若余额在贷方，且“应交税费—应交增值税”账户无余额，按贷方余额数，借记本科目，贷记“应交税费—未交增值税”科目。

若本账户余额在贷方，“应交税费—应交增值税”账户有借方余额且等于或大于这个贷方余额，按贷方余额数，借记本科目，贷记“应交税费—应交增值税”科目。

若本账户余额在贷方，“应交税费—应交增值税”账户有借方余额但小于这个贷方余额，应将这两个账户的余额冲出，其差额贷记“应交税费—未交增值税”科目。

3. 个人所得税。

企业自查需要补缴个人所得税的，账务处理为：

补记个人所得税时，
借：其他应收款
贷：应缴税费—应交个人所得税
借：应交税费—应交个人所得税
贷：银行存款

次月发放工资或再次发生应税劳务、分红时，补扣以前年度应代扣代缴的个人所得税款。

借：应付职工薪酬（员工个人工资、薪金所得）

　　其他应付款（个人劳务报酬所得）

　　应付股利（股东个人股息、红利所得）

　　利润分配（承包人承包所得）

　　贷：其他应收款

如果无法代扣，企业直接承担税款，可通过“营业外支出“核算。

4. 资源税。

企业自查与税务检查补缴资源税账务一致。

（1）若检查发现补缴资源税在本年度，账务处理如下：

借：主营业务税金及附加（销售应税矿产品）

　　生产成本（自产自用矿产品）

　　物资采购（收购未税矿产品）

　　贷：应交税费—应交资源税

（2）若检查发现补缴资源税在以前年度，账务处理如下：

借：以前年度损益调整（销售应税矿产品，销售成本应分摊的自产自用和收购未税矿产品）

　　贷：应交税费—应交资源税

**税收优惠备案管理**

《关于发布修订后的〈企业所得税优惠政策事项办理办法〉的公告》（国家税务总局2018年第23号）

企业享受优惠事项采取“自行判别、申报享受、相关资料留存备查”的办理方式。企业应当根据经营情况以及相关税收规定自行判断是否符合优惠事项规定的条件，符合条件的可以按照《目录》列示的时间自行计算减免税额，并通过填报企业所得税纳税申报表享受税收优惠。同时，按照本办法的规定归集和留存相关资料备查。

留存备查资料是指与企业享受优惠事项有关的合同、协议、凭证、证书、文件、账册、说明等资料。留存备查资料分为主要留存备查资料和其他留存备查资料两类。主要留存备查资料由企业按照《目录》列示的资料清单准备，其他留存备查资料由企业根据享受优惠事项情况自行补充准备。

## 企业所得税优惠事项管理目录（2017 年版）

| 序号 | 优惠事项名称 | 政策概述 | 主要政策依据 | 主要留存备查资料 | 享受优惠时间 | 后续管理要求 |
|---|---|---|---|---|---|---|
| 1 | 符合条件的居民企业之间的股息、红利等权益性投资收益免征企业所得税 | 居民企业直接投资于其他居民企业取得的权益性投资收益免征企业所得税。所称股息、红利等权益性投资收益，不包括连续持有居民企业公开发行并上市流通的股票不足 12 个月取得的投资收益 | 1.《中华人民共和国企业所得税法》第二十六条第二项；<br>2.《中华人民共和国企业所得税法实施条例》第十七条、第八十三条；<br>3.《财政部 国家税务总局关于执行企业所得税优惠政策若干问题的通知》（财税〔2009〕69 号）；<br>4.《国家税务总局关于贯彻落实企业所得税法若干税收问题的通知》（国税函〔2010〕79 号） | 1. 被投资企业的最新公司章程（企业在证券交易市场购买上市公司股票获得股权的，提供相关记账凭证、本公司持股比例以及持股时间超过 12 个月情况说明）；<br>2. 被投资企业股东会（或股东大会）利润分配决议或公告、分配表；<br>3. 被投资企业进行清算所得税处理的，留存被投资企业填报的加盖主管税务机关受理章的《中华人民共和国清算所得税申报表》及附表三《剩余财产计算和分配明细表》复印件；<br>4. 投资收益、应收股利科目明细账或按月汇总表 | 预缴享受 | 由省税务机关（含计划单列市税务机关）规定 |
| 2 | 综合利用资源生产产品取得的收入在计算应纳税所得额时减计收入 | 企业以《资源综合利用企业所得税优惠目录》规定的资源作为主要原材料，生产国家非限制和非禁止并符合国家及行业相关标准的产品取得的收入，减按 90% 计入企业当年收入总额 | 1.《中华人民共和国企业所得税法》第三十三条；<br>2.《中华人民共和国企业所得税法实施条例》第九十九条；<br>3.《财政部 国家税务总局关于执行资源综合利用企业所得税优惠目录有关问题的通知》（财税〔2008〕47 号）；<br>4.《财政部 国家税务总局 国家发展改革委关于公布资源综合利用企业所得税优惠目录（2008 年版）的通知》（财税〔2008〕117 号） | 1. 企业实际资源综合利用情况（包括综合利用的资源、技术标准、产品名称等）的说明；<br>2. 综合利用资源生产产品取得的收入核算情况说明 | 预缴享受 | 由省税务机关（含计划单列市税务机关）规定 |

续表

| 序号 | 优惠事项名称 | 政策概述 | 主要政策依据 | 主要留存备查资料 | 享受优惠时间 | 后续管理要求 |
|---|---|---|---|---|---|---|
| 3 | 开发新技术、新产品、新工艺发生的研究开发费用加计扣除 | 企业为开发新技术、新产品、新工艺发生的研究开发费用，未形成无形资产计入当期损益的，在按照规定据实扣除的基础上，按照研究开发费用的50%加计扣除；形成无形资产的，按照无形资产成本150%摊销。对从事文化产业支撑技术等领域的文化企业，开发新技术、新产品、新工艺发生的研究开发费用，允许按照税收法律法规的规定，在计算应纳税所得额时加计扣除 | 1.《中华人民共和国企业所得税法》第三十条；<br>2.《中华人民共和国企业所得税法实施条例》第九十五条；<br>3.《财政部 海关总署 国家税务总局关于继续实施支持文化企业发展若干税收政策的通知》（财税〔2014〕85号）；<br>4.《财政部 国家税务总局 科技部关于完善研究开发费用税前加计扣除政策的通知》（财税〔2015〕119号）；<br>5.《科技部 财政部 国家税务总局关于进一步做好企业研发费用加计扣除政策落实工作的通知》（国科发政〔2017〕211号）；<br>6.《国家税务总局关于企业研发费用税前加计扣除政策有关问题的公告》（国家税务总局公告2015年第97号）；<br>7.《国家税务总局关于研发费用税前加计扣除政策有关问题的公告》（国家税务总局公告2017年第40号） | 1. 自主、委托、合作研究开发项目计划书和企业有权部门关于自主、委托、合作研究开发项目立项的决议文件；<br>2. 自主、委托、合作研究开发专门机构或项目组的编制情况和研发人员名单；<br>3. 经科技行政主管部门登记的委托、合作研究开发项目的合同；<br>4. 从事研发活动的人员（包括外聘人员）和用于研发活动的仪器、设备、无形资产的费用分配说明（包括工作使用情况记录及费用分配计算证据材料）；<br>5. 集中研发项目研发费决算表、集中研发项目费用分摊明细情况表和实际分享收益比例等资料；<br>6. “研发支出”辅助账及汇总表；<br>7. 企业如果已取得地市级（含）以上科技行政主管部门出具的鉴定意见，应作为资料留存备查 | 汇缴享受 | 由省税务机关（含计划单列市税务机关）规定 |

续表

| 序号 | 优惠事项名称 | 政策概述 | 主要政策依据 | 主要留存备查资料 | 享受优惠时间 | 后续管理要求 |
| --- | --- | --- | --- | --- | --- | --- |
| 4 | 科技型中小企业开发新技术、新产品、新工艺发生的研究开发费用加计扣除 | 科技型中小企业开展研发活动中实际发生的研发费用，未形成无形资产计入当期损益的，在按规定据实扣除的基础上，再按照实际发生额的75%在税前加计扣除；形成无形资产的，在上述期间按照无形资产成本的175%在税前摊销 | 1.《中华人民共和国企业所得税法》第三十条；<br>2.《中华人民共和国企业所得税法实施条例》第九十五条；<br>3.《财政部 国家税务总局 科技部关于完善研究开发费用税前加计扣除政策的通知》（财税〔2015〕119号）；<br>4.《财政部 税务总局 科技部关于提高科技型中小企业研究开发费用税前加计扣除比例的通知》（财税〔2017〕34号）；<br>5.《科技部 财政部 国家税务总局关于印发<科技型中小企业评价办法〉的通知》（国科发政〔2017〕115号）；<br>6.《国家税务总局关于企业研发费用税前加计扣除政策有关问题的公告》（国家税务总局公告2015年第97号）；<br>7.《国家税务总局关于提高科技型中小企业研究开发费用税前加计扣除比例有关问题的公告》（国家税务总局公告2017年第18号）；<br>8.《国家税务总局关于研发费用税前加计扣除政策有关问题的公告》（国家税务总局公告2017年第40号） | 1. 自主、委托、合作研究开发项目计划书和企业有权部门关于自主、委托、合作研究开发项目立项的决议文件；<br>2. 自主、委托、合作研究开发专门机构或项目组的编制情况和研发人员名单；<br>3. 经科技行政主管部门登记的委托、合作研究开发项目的合同；<br>4. 从事研发活动的人员（包括外聘人员）和用于研发活动的仪器、设备、无形资产的费用分配说明（包括工作使用情况记录及费用分配计算证据材料）；<br>5. 集中研发项目研发费决算表、集中研发项目费用分摊明细情况表和实际分享收益比例等资料；<br>6. “研发支出”辅助账及汇总表；<br>7. 企业已取得的地市级（含）以上科技行政主管部门出具的鉴定意见；<br>8. 科技型中小企业取得的入库登记编号证明资料 | 汇缴享受 | 由省税务机关（含计划单列市税务机关）规定 |

续表

| 序号 | 优惠事项名称 | 政策概述 | 主要政策依据 | 主要留存备查资料 | 享受优惠时间 | 后续管理要求 |
|---|---|---|---|---|---|---|
| 5 | 安置残疾人员所支付的工资加计扣除 | 企业安置残疾人员的，在按照支付给残疾职工工资据实扣除的基础上，按照支付给残疾职工工资的100%加计扣除。残疾人员的范围适用《中华人民共和国残疾人保障法》的有关规定 | 1.《中华人民共和国企业所得税法》第三十条；<br>2.《中华人民共和国企业所得税法实施条例》第九十六条；<br>3.《财政部 国家税务总局关于安置残疾人员就业有关企业所得税优惠政策问题的通知》（财税〔2009〕70号） | 1. 为安置的每位残疾人按月足额缴纳了企业所在区县人民政府根据国家政策规定的基本养老保险、基本医疗保险、失业保险和工伤保险等社会保险证明资料；<br>2. 通过非现金方式支付工资薪酬的证明；<br>3. 安置残疾职工名单及其《残疾人证》或《残疾军人证》；<br>4. 与残疾人员签订的劳动合同或服务协议 | 汇缴享受 | 由省税务机关（含计划单列市税务机关）规定 |

续表

| 序号 | 优惠事项名称 | 政策概述 | 主要政策依据 | 主要留存备查资料 | 享受优惠时间 | 后续管理要求 |
| --- | --- | --- | --- | --- | --- | --- |
| 6 | 符合条件的技术转让所得减免征收企业所得税 | 一个纳税年度内，居民企业技术转让所得不超过500万元的部分，免征企业所得税；超过500万元的部分，减半征收企业所得税 | 1.《中华人民共和国企业所得税法》第二十七条第四项；<br>2.《中华人民共和国企业所得税法实施条例》第九十条；<br>3.《财政部 国家税务总局关于居民企业技术转让有关企业所得税政策问题的通知》（财税〔2010〕111号）；<br>4.《财政部 国家税务总局关于将国家自主创业示范区有关税收试点政策推广到全国范围实施的通知》（财税〔2015〕116号）；<br>5.《国家税务总局关于技术转让所得减免企业所得税有关问题的通知》（国税函〔2009〕212号）；<br>6.《国家税务总局关于技术转让所得减免企业所得税有关问题的公告》（国家税务总局公告2013年第62号）；<br>7.《国家税务总局关于许可使用权技术转让所得企业所得税有关问题的公告》（国家税务总局公告2015年第82号） | 1. 所转让的技术产权证明；<br>2. 企业发生境内技术转让：<br>（1）技术转让合同（副本）；<br>（2）技术合同登记证明；<br>（3）技术转让所得归集、分摊、计算的相关资料；<br>（4）实际缴纳相关税费的证明资料；<br>3. 企业向境外转让技术：<br>（1）技术出口合同（副本）；<br>（2）技术出口合同登记证书或技术出口许可证；<br>（3）技术出口合同数据表；<br>（4）技术转让所得归集、分摊、计算的相关资料；<br>（5）实际缴纳相关税费的证明资料；<br>（6）有关部门按照商务部、科技部发布的《中国禁止出口限制出口技术目录》出具的审查意见；<br>4. 转让技术所有权的，其成本费用情况；转让使用权的，其无形资产费用摊销情况；<br>5. 技术转让年度，转让双方股权关联情况 | 预缴享受 | 由省税务机关（含计划单列市税务机关）规定 |

续表

| 序号 | 优惠事项名称 | 政策概述 | 主要政策依据 | 主要留存备查资料 | 享受优惠时间 | 后续管理要求 |
| --- | --- | --- | --- | --- | --- | --- |
| 7 | 购置用于环境保护、节能节水、安全生产等专用设备的投资额按一定比例实行税额抵免 | 企业购置并实际使用《环境保护专用设备企业所得税优惠目录》《节能节水专用设备企业所得税优惠目录》和《安全生产专用设备企业所得税优惠目录》规定的环境保护、节能节水、安全生产等专用设备的，该专用设备的投资额的10%可以从企业当年的应纳税额中抵免；当年不足抵免的，可以在以后5个纳税年度结转抵免。享受上述规定的企业所得税优惠的企业，应当实际购置并自身实际投入使用前款规定的专用设备；企业购置上述专用设备在5年内转让、出租的，应当停止享受企业所得税优惠，并补缴已经抵免的企业所得税税款 | 1.《中华人民共和国企业所得税法》第三十四条；<br>2.《中华人民共和国企业所得税法实施条例》第一百条；<br>3.《财政部 国家税务总局关于执行环境保护专用设备企业所得税优惠目录 节能节水专用设备企业所得税优惠目录和安全生产专用设备企业所得税优惠目录有关问题的通知》（财税〔2008〕48号）；<br>4.《财政部 国家税务总局 国家发展改革委关于公布节能节水专用设备企业所得税优惠目录（2008年版）和环境保护专用设备企业所得税优惠目录（2008年版）的通知》（财税〔2008〕115号）；<br>5.《财政部 国家税务总局 安全监管总局关于公布安全生产专用设备企业所得税优惠目录（2008年版）的通知》（财税〔2008〕118号）；<br>6.《财政部 国家税务总局关于执行企业所得税优惠政策若干问题的通知》（财税〔2009〕69号）；<br>7.《国家税务总局关于环境保护节能节水 安全生产等专用设备投资抵免企业所得税有关问题的通知》（国税函〔2010〕256号）；<br>8.《财政部 税务总局 国家发展改革委 工业和信息化部 环境保护部关于印发节能节水和环境保护专用设备企业所得税优惠目录（2017年版）的通知》（财税〔2017〕71号） | 1. 购买并自身投入使用的专用设备清单及发票；<br>2. 以融资租赁方式取得的专用设备的合同或协议；<br>3. 专用设备属于《环境保护专用设备企业所得税优惠目录》《节能节水专用设备企业所得税优惠目录》或《安全生产专用设备企业所得税优惠目录》中的具体项目的说明；<br>4. 专用设备实际投入使用时间的说明 | 汇缴享受 | 由省税务机关（含计划单列市税务机关）规定 |

# 第三章　增　值　税

## 一、现行增值税纳税义务人

在中华人民共和国境内销售货物或者加工、修理修配劳务（以下简称劳务），销售服务、无形资产、不动产以及进口货物的单位和个人，为增值税的纳税人，应当依照本条例缴纳增值税。

**【政策依据】** 中华人民共和国国务院第691号令《中华人民共和国增值税暂行条例》

## 二、现行增值税税率有哪些（2018年5月1日前后）

**2018年5月1日前：**

1. 纳税人销售货物、劳务、有形动产租赁服务或者进口货物，除本条第1项、第4项、第5项另有规定外，税率为17%。

2. 纳税人销售交通运输、邮政、基础电信、建筑、不动产租赁服务，销售不动产，转让土地使用权，销售或者进口下列货物，税率为11%：

（1）粮食等农产品、食用植物油、食用盐；

（2）自来水、暖气、冷气、热水、煤气、石油液化气、天然气、二甲醚、沼气、居民用煤炭制品；

（3）图书、报纸、杂志、音像制品、电子出版物；

（4）饲料、化肥、农药、农机、农膜；

（5）国务院规定的其他货物。

3. 纳税人销售服务、无形资产，除本条第1项、第2项、第5项另有规定外，税率为6%。

4. 纳税人出口货物，税率为零；但是，国务院另有规定的除外。

5. 境内单位和个人跨境销售国务院规定范围内的服务、无形资产，税率为零。

税率的调整，由国务院决定。

**【政策依据】** 中华人民共和国国务院第691号令《中华人民共和国增值税暂行条例》的决定

**2018年5月1日后：**

1. 纳税人发生增值税应税销售行为或者进口货物，原适用17%和11%税率的，税率分别调整为16%、10%。

2. 纳税人购进农产品，原适用11%扣除率的，扣除率调整为10%。

3. 纳税人购进用于生产销售或委托加工16%税率货物的农产品，按照12%的扣除率计算进项税额。

4. 本通知自2018年5月1日起执行。

**【政策依据】**《财政部税务总局关于调整增值税税率的通知》（财税〔2018〕32号）

## 三、增值税价外费用包括哪些内容

销售额为纳税人销售货物或者应税劳务向购买方收取的全部价款和价外费用（不包括收取的销项税额）。

价外费用，包括价外向购买方收取的手续费、补贴、基金、集资费、返还利润、奖励费、违约金、滞纳金、延期付款利息、赔偿金、代收款项、代垫款项、包装费、包装物租金、优质费、运输装卸费以及其他各种性质的价外收费。但下列项目不包括在内：

（1）受托加工应征消费税的消费品所代收代缴的消费税；

（2）同时符合以下条件的代垫运输费用：

①承运部门的运输费用发票开具给购买方的；

②纳税人将该项发票转交给购买方的。

（3）同时符合以下条件代为收取的政府性基金或者行政事业性收费：

①由国务院或者财政部批准设立的政府性基金，由国务院或者省级人民政府及其财政、价格主管部门批准设立的行政事业性收费；

②收取时开具省级以上财政部门印制的财政票据；

③所收款项全额上缴财政。

（4）销售货物的同时代办保险等而向购买方收取的保险费，以及向购买方收取的代购买方缴纳的车辆购置税、车辆牌照费。

（5）代为收取并符合本办法第十条规定的政府性基金或者行政事业性收费。

（6）以委托方名义开具发票代委托方收取的款项。

## 四、购货方从销货方取得赔偿金是否属于价外费用

销货方发生增值税应税货物或应税劳务的行为后，因销售方违约而支付给购货方的赔偿金不属于价外费用，不征收增值税。

**【政策依据】**《关于增值税若干问题的公告》（河北省国家税务局公告2011年第7号）

## 五、增值税视同销售是如何规定的

1. 单位或者个体工商户的下列行为，视同销售货物：

（1）将货物交付其他单位或者个人代销；

（2）销售代销货物；

（3）设有两个以上机构并实行统一核算的纳税人，将货物从一个机构移送其他机构用于销售，但相关机构设在同一县（市）的除外；

（4）将自产、委托加工或者购进的货物作为投资，提供给其他单位或者个体工商户；

（5）将自产、委托加工或者购进的货物分配给股东或者投资者；

（6）将自产、委托加工的货物用于集体福利或者个人消费；

（7）将自产或者委托加工的货物用于非增值税应税项目；

（8）将自产、委托加工或者购进的货物无偿赠送其他单位或者个人。

2. 下列情形视同销售服务、无形资产或者不动产：

（1）单位或者个体工商户向其他单位或者个人无偿提供服务，但用于公益事业或者以社会公众为对象的除外。

（2）单位或者个人向其他单位或者个人无偿转让无形资产或者不动产，但用于公益事业或者以社会公众为对象的除外。

（3）财政部和国家税务总局规定的其他情形。

## 六、增值税混合销售是如何规定的

一项销售行为如果既涉及服务又涉及货物，为混合销售。对于混合销售，按以下方法确定如何计税：

1. 该销售行为必须是一项行为，这是与兼营行为相区别的标志。

2. 按企业经营的主业确定。若企业在账务上已经分开核算，以企业核算为准。

3. 企业不能分别核算的，按如下原则：从事货物的生产、批发或者零售的

单位和个体工商户的混合销售行为，按照销售货物缴纳增值税；其他单位和个体工商户的混合销售行为，按照销售服务缴纳增值税。

4. 纳税人销售活动板房、机器设备、钢结构件等自产货物的同时提供建筑、安装服务，不属于《营业税改征增值税试点实施办法》（财税〔2016〕36 号文件印发）第四十条规定的混合销售，应分别核算货物和建筑服务的销售额，分别适用不同的税率或者征收率。

## 七、哪些进项税额可以抵扣

下列进项税额准予从销项税额中抵扣：

1. 从销售方取得的增值税专用发票（含税控机动车销售统一发票，下同）上注明的增值税额。

2. 从海关取得的海关进口增值税专用缴款书上注明的增值税额。

3. 购进农产品，除取得增值税专用发票或者海关进口增值税专用缴款书外，按照农产品收购发票或者销售发票上注明的农产品买价和13%（注：自 2018 年 5 月 1 日起纳税人购进农产品，原适用 11% 扣除率的，扣除率调整为 10%）的扣除率计算的进项税额。计算公式为：

$$进项税额 = 买价 \times 扣除率$$

买价，是指纳税人购进农产品在农产品收购发票或者销售发票上注明的价款和按照规定缴纳的烟叶税。

购进农产品，按照《农产品增值税进项税额核定扣除试点实施办法》抵扣进项税额的除外。

4. 从境外单位或者个人购进服务、无形资产或者不动产，自税务机关或者扣缴义务人取得的解缴税款的完税凭证上注明的增值税额。

**【政策依据】** 中华人民共和国国务院第 691 号令《中华人民共和国增值税暂行条例》

## 八、哪些进项税额不得抵扣

下列项目的进项税额不得从销项税额中抵扣：

1. 用于简易计税方法计税项目、免征增值税项目、集体福利或者个人消费的购进货物、加工修理修配劳务、服务、无形资产和不动产。

其中涉及的固定资产、无形资产、不动产，仅指专用于上述项目的固定资产、无形资产（不包括其他权益性无形资产）、不动产。

纳税人的交际应酬消费属于个人消费。

**注：**（1）非专用于上述项目的固资、无形资产、不动产的购进可以抵扣进项。如购进房屋专用于职工食堂不允许抵扣进项税，若既用于办公又用于职工食堂则可以全额抵扣进项税。

（2）报销本单位员工出差住宿费，允许抵扣进项税，报销客户出差住宿费计入业务招待费，属于纳税人的个人消费，不得抵扣进项税。

2. 非正常损失的购进货物，以及相关的加工修理修配劳务和交通运输服务。

**注：**非正常损失指的是因管理不善造成货物被盗、丢失、霉烂变质，以及因违反法律法规造成货物或者不动产被依法没收、销毁、拆除的情形。

3. 非正常损失的在产品、产成品所耗用的购进货物（不包括固定资产）、加工修理修配劳务和交通运输服务。

4. 非正常损失的不动产，以及该不动产所耗用的购进货物、设计服务和建筑服务。

5. 非正常损失的不动产在建工程所耗用的购进货物、设计服务和建筑服务。

纳税人新建、改建、扩建、修缮、装饰不动产，均属于不动产在建工程。

6. 购进的旅客运输服务、贷款服务、餐饮服务、居民日常服务和娱乐服务。

7. 财政部和国家税务总局规定的其他情形。

## 九、租入固定资产、不动产的进项税额能否抵扣

自2018年1月1日起，纳税人租入固定资产、不动产，既用于一般计税方法计税项目，又用于简易计税方法计税项目、免征增值税项目、集体福利或者个人消费的，其进项税额准予从销项税额中全额抵扣。

**【政策依据】**《财政部税务总局关于租入固定资产进项税额抵扣等增值税政策的通知》（财税〔2017〕90号）

## 十、企业统一购买的工作服增值税进项税额能否抵扣

企业根据其工作性质和特点，由企业统一制作并要求员工工作时统一着装所发生的工作服饰费用，取得增值税专用发票的可以按规定抵扣增值税进项税额。但是，由个人支付的工作服饰费用部分不得作为进项税额扣除。

**【政策依据】**关于发布《河北省国家税务局关于全面推开营改增有关政策问题的解答（之八）》的通知

## 十一、企业因技术更新、产品滞销等在库房长期放置报废的无价值的存货，进项税是否需要转出

非正常损失是指因管理不善造成的被盗、丢失、霉烂变质损失。企业因技术更新或在库房长期存放等报废的无价值的存货，不属于因管理不善造成的损失，不需要做进项税额转出。

## 十二、兼营简易计税、免征增值税项目的进项税如何抵扣

适用一般计税方法的纳税人，兼营简易计税方法计税项目、免征增值税项目而无法划分不得抵扣的进项税额，按照下列公式计算不得抵扣的进项税额：

不得抵扣的进项税额＝当期无法划分的全部进项税额
×（当期简易计税方法计税项目销售额
＋免征增值税项目销售额）÷当期全部销售额

主管税务机关可以按照上述公式依据年度数据对不得抵扣的进项税额进行清算。

**【政策依据】**《关于全面推开营业税改征增值税试点的通知》（财税〔2016〕36号）

## 十三、已抵扣进项税的购进发生不得抵扣情形的如何处理

1. 已抵扣进项税额的购进货物（不含固定资产）、劳务、服务，发生本办法第二十七条规定情形（简易计税方法计税项目、免征增值税项目除外）的，应当将该进项税额从当期进项税额中扣减；无法确定该进项税额的，按照当期实际成本计算应扣减的进项税额。

2. 已抵扣进项税额的固定资产、无形资产或者不动产，发生本办法第二十七条规定情形的，按照下列公式计算不得抵扣的进项税额：

不得抵扣的进项税额＝固定资产、无形资产或者不动产净值×适用税率

固定资产、无形资产或者不动产净值，是指纳税人根据财务会计制度计提折旧或摊销后的余额。

**【政策依据】**《关于全面推开营业税改征增值税试点的通知》（财税〔2016〕36号）

## 十四、纳税人购进农产品，如何抵扣进项税额



1. 纳税人购进农产品，取得一般纳税人开具的增值税专用发票或海关进口

增值税专用缴款书的，以增值税专用发票或海关进口增值税专用缴款书上注明的增值税额为进项税额。

2. 从按照简易计税方法依照3%征收率计算缴纳增值税的小规模纳税人取得增值税专用发票的，以增值税专用发票上注明的金额和10%的扣除率计算进项税额。

**注：**从小规模取得的必须是专票才能抵扣10%。

计算抵扣额时按金额×10%计算，例如，A公司从小规模纳税人甲手上取得专票，票面金额1000元，税额30元，价税合计1030元，这时候，A公司能抵扣的进项税=1000×10%=100元，而不是1030×10%。

3. 取得（开具）农产品销售发票或收购发票的，以农产品销售发票或收购发票上注明的农产品买价和10%的扣除率计算进项税额。

实际上由于农业生产者出售农产品免税，这里的买价与销售发票上价是不存在价税合计的，只有价而无税，因此也不存在像上面那样价税分离后计算抵扣的问题。

4. 纳税人购进用于生产销售或委托加工16%税率货物的农产品，按照12%的扣除率计算进项税额。

5. 纳税人从批发、零售环节购进适用免征增值税政策的蔬菜、部分鲜活肉蛋而取得的普通发票，不得作为计算抵扣进项税额的凭证。

## 十五、不动产进项税额分期抵扣的相关规定

1. 增值税一般纳税人（以下称纳税人），2016年5月1日后取得并在会计制度上按固定资产核算的不动产，以及2016年5月1日后发生的不动产在建工程，其进项税额应按照本办法有关规定分2年从销项税额中抵扣，第一年抵扣比例为60%，第二年抵扣比例为40%。

取得的不动产，包括以直接购买、接受捐赠、接受投资入股以及抵债等各种形式取得的不动产。

纳税人新建、改建、扩建、修缮、装饰不动产，属于不动产在建工程。

2. 房地产开发企业自行开发的房地产项目，融资租入的不动产，以及在施工现场修建的临时建筑物、构筑物，其进项税额不适用上述分两年抵扣的规定。

纳税人2016年5月1日后购进货物和设计服务、建筑服务，用于新建不动产，或者用于改建、扩建、修缮、装饰不动产并增加不动产原值超过50%的，其进项税额依照本办法有关规定分两年从销项税额中抵扣。

不动产原值，是指取得不动产时的购置原价或作价。

上述分两年从销项税额中抵扣的购进货物，是指构成不动产实体的材料和设备，包括建筑装饰材料和给排水、采暖、卫生、通风、照明、通讯、煤气、消

防、中央空调、电梯、电气、智能化楼宇设备及配套设施。

纳税人按照本办法规定从销项税额中抵扣进项税额，应取得 2016 年 5 月 1 日后开具的合法有效的增值税扣税凭证。

上述进项税额中，60% 的部分于取得扣税凭证的当期从销项税额中抵扣；40% 的部分为待抵扣进项税额，于取得扣税凭证的当月起第 13 个月从销项税额中抵扣。

待抵扣进项税额计入“应交税金—待抵扣进项税额”科目核算，并于可抵扣当期转入“应交税金—应交增值税（进项税额）”科目。

纳税人应建立不动产和不动产在建工程台账，分别记录并归集不动产和不动产在建工程的成本、费用、扣税凭证及进项税额抵扣情况，留存备查。

用于简易计税方法计税项目、免征增值税项目、集体福利或者个人消费的不动产和不动产在建工程，也应在纳税人建立的台账中记录。

**注：**台账可参照以下格式设置：

**不动产和不动产在建工程台账**

单位名称：　　　　　　　　　　　　当前日期：　　年　　月　　日　　　　　　　　　　　　单位：元

<table>
<tr><th rowspan="3">记账凭证编号</th><th colspan="2">所属不动产（在建工程）</th><th colspan="7">扣税凭证（增值税专用发票）信息</th><th colspan="4">进项税额抵扣情况</th><th rowspan="3">核销</th><th rowspan="3">备注</th></tr>
<tr><th rowspan="2">名称</th><th rowspan="2">进项是否可抵</th><th rowspan="2">发票编号</th><th rowspan="2">发票品名</th><th rowspan="2">开票日期</th><th rowspan="2">含税发票金额</th><th colspan="3">其中</th><th>首期抵扣进项</th><th>待抵扣进项</th><th rowspan="2">待抵扣进项可抵扣年月</th><th rowspan="2">累计已抵扣进项</th></tr>
<tr><th>采购成本</th><th>税率</th><th>进项税额</th><th>60%</th><th>40%</th></tr>
<tr><td></td><td></td><td></td><td></td><td></td><td></td><td></td><td></td><td></td><td></td><td></td><td></td><td></td><td></td><td></td><td>首期：</td></tr>
<tr><td></td><td></td><td></td><td></td><td></td><td></td><td></td><td></td><td></td><td></td><td></td><td></td><td></td><td></td><td></td><td></td></tr>
<tr><td></td><td></td><td></td><td></td><td></td><td></td><td></td><td></td><td></td><td></td><td></td><td></td><td></td><td></td><td></td><td></td></tr>
<tr><td></td><td></td><td></td><td></td><td></td><td></td><td></td><td></td><td></td><td></td><td></td><td></td><td></td><td></td><td></td><td></td></tr>
<tr><td></td><td></td><td></td><td></td><td></td><td></td><td></td><td></td><td></td><td></td><td></td><td></td><td></td><td></td><td></td><td></td></tr>
<tr><td></td><td></td><td></td><td></td><td></td><td></td><td></td><td></td><td></td><td></td><td></td><td></td><td></td><td></td><td></td><td></td></tr>
<tr><td></td><td></td><td></td><td></td><td></td><td></td><td></td><td></td><td></td><td></td><td></td><td></td><td></td><td></td><td></td><td></td></tr>
</table>

国家税务总局公告 2016 年第 15 号关于发布《不动产进项税额分期抵扣暂行办法》的公告

对不同的不动产和不动产在建工程，纳税人应分别核算其待抵扣进项税额。

第十二条　纳税人分期抵扣不动产的进项税额，应据实填报增值税纳税申报表附列资料。

第十三条　纳税人应建立不动产和不动产在建工程台账，分别记录并归集不动产和不动产在建工程的成本、费用、扣税凭证及进项税额抵扣情况，留存备查。

用于简易计税方法计税项目、免征增值税项目、集体福利或者个人消费的不动产和不动产在建工程，也应在纳税人建立的台账中记录。

## 十六、增值税进项抵扣期限

自2017年7月1日起，增值税一般纳税人取得的2017年7月1日及以后开具的增值税专用发票和机动车销售统一发票，应自开具之日起360日内认证或登录增值税发票选择确认平台进行确认，并在规定的纳税申报期内，向主管国税机关申报抵扣进项税额。

**【政策依据】**《关于进一步明确营改增有关征管问题的公告》（国家税务总局公告2017年第11号）

## 十七、逾期未抵扣发票如何处理

增值税一般纳税人发生真实交易但由于客观原因造成增值税扣税凭证（包括增值税专用发票、海关进口增值税专用缴款书和机动车销售统一发票）未能按照规定期限办理认证、确认或者稽核比对的，经主管税务机关核实、逐级上报，由省国税局认证并稽核比对后，对相符的增值税扣税凭证，允许纳税人继续抵扣其进项税额。

客观原因包括如下类型：

1. 因自然灾害、社会突发事件等不可抗力因素造成增值税扣税凭证逾期；

2. 增值税扣税凭证被盗、抢，或者因邮寄丢失、误递导致逾期；

3. 有关司法、行政机关在办理业务或者检查中，扣押增值税扣税凭证，纳税人不能正常履行申报义务，或者税务机关信息系统、网络故障，未能及时处理纳税人网上认证数据等导致增值税扣税凭证逾期；

4. 买卖双方因经济纠纷，未能及时传递增值税扣税凭证，或者纳税人变更纳税地点，注销旧户和重新办理税务登记的时间过长，导致增值税扣税凭证逾期；

5. 由于企业办税人员伤亡、突发危重疾病或者擅自离职，未能办理交接手续，导致增值税扣税凭证逾期；

6. 国家税务总局规定的其他情形。

**【政策依据】**《关于进一步优化增值税消费税有关涉税事项办理程序的公告》（国家税务总局公告2017年第36号）

## 十八、“统借统还”业务如何缴纳增值税

在统借统还业务中，企业集团或企业集团中的核心企业以及集团所属财务公司按不高于支付给金融机构的借款利率水平或者支付的债券票面利率水平，向企业集团或者集团内下属单位收取的利息免征增值税。统借方向资金使用单位收取的利息，高于支付给金融机构借款利率水平或者支付的债券票面利率水平的，应全额缴纳增值税。

统借统还业务，是指：

1. 企业集团或者企业集团中的核心企业向金融机构借款或对外发行债券取得资金后，将所借资金分拨给下属单位（包括独立核算单位和非独立核算单位，下同），并向下属单位收取用于归还金融机构或债券购买方本息的业务。

2. 企业集团向金融机构借款或对外发行债券取得资金后，由集团所属财务公司与企业集团或者集团内下属单位签订统借统还贷款合同并分拨资金，并向企业集团或者集团内下属单位收取本息，再转付企业集团，由企业集团统一归还金融机构或债券购买方的业务。

统借统还业务的主体是企业集团或企业集团中的核心企业以及集团所属财务公司。《企业集团登记管理暂行规定》（工商企字〔1998〕59号）规定，企业集团是指以资本为主要联结纽带的母子公司为主体，以集团章程为共同行为规范的母公司、子公司、参股公司及其他成员企业或机构共同组成的具有一定规模的企业法人联合体。企业集团经登记主管机关核准登记，发给《企业集团登记证》，该企业集团即告成立。

统借统还业务的主体为企业集团或者企业集团中的核心企业，且该企业集团应当按规定到主管工商行政管理部门办理《企业集团登记证》。因此，母公司向金融机构借款分拨给子公司使用并向子公司收取利息是否适用统借统还，应以其取得《企业集团登记证》为前提。

## 十九、煤矿井田范围内给予村民的房屋、建筑物、土地、林木等支付的补偿款（不属于征用），是否需要取得发票，收款方是否缴纳增值税，如果不取得发票能否在企业所得税前扣除

给予村民的补偿不属于征用，未发生增值税劳务，不需要开具增值税发票，应凭与村民签订的补偿协议及村民签字领收的凭据入账，可在企业所得税前扣除。

## 二十、纳税人提供植物养护服务按照什么项目纳税

按照“其他生活服务”缴纳增值税。

**【政策依据】**《国家税务总局关于进一步明确营改增有关征管问题的公告》（国家税务总局公告2017年第11号）

## 二十一、纳税人对安装运行后的电梯提供的维护保养服务按照什么项目纳税

纳税人对安装运行后的电梯提供的维护保养服务，按照“其他现代服务”缴纳增值税。

**【政策依据】**《国家税务总局关于进一步明确营改增有关征管问题的公告》（国家税务总局公告2017年第11号）

## 二十二、一般纳税人对租入的不动产进行改建、修缮、装修，其进项税额是否需要分期抵扣

一般纳税人对租入的不动产进行改建、修缮、装饰，取得的增值税进项税额可一次性全额扣除。

## 二十三、关于试点纳税人提供会务及相关服务是否分项目开具增值税专用发票问题

宾馆、旅馆、旅社、度假村和其他经营性住宿场所提供会议场地及配套服务的活动，按照“会议展览服务”缴纳增值税。但是，该“配套服务”不包括餐饮服务、居民日常服务和娱乐服务等。因此，试点纳税人提供会议场地及配套服务，且同时提供餐饮、娱乐等服务的，在开具增值税发票时需据实分项目开具。

**【政策依据】**《关于明确金融 房地产开发 教育辅助服务等增值税政策的通知》（财税〔2016〕140号）

## 二十四、销售使用过的固定资产、旧货如何缴纳增值税？账务如何处理

如何缴纳增值税汇总表

| 应税行为 | | 一般纳税人 | 小规模纳税人 |
|---|---|---|---|
| 销售自己使用过的物品（有形动产） | 固定资产 | ①按规定允许抵扣进项税额的固定资产再转让<br>销项税额 = 含税销售额 ÷（1 + 税率）× 税率<br>2018 年 5 月 1 日前税率一般为 17%；低税率范围的农机等为 11%<br>②按规定不得抵扣且未抵扣过进项税额的固定资产再转让<br>应纳税额 = 含税销售额 ÷（1 +3%）×2% | 应纳税额 = 含税销售额 ÷（1 +3%）×2% |
| | 其他物品 | 销项税额 = 含税销售额 ÷（1 + 税率）× 税率<br>2018 年 5 月 1 日前税率为 17% 或 11% | 应纳税额 = 含税销售额 ÷（1 +3%）×3% |
| 销售自己没有使用过的物品（有形动产） | 货物 | 销项税额 = 含税销售额 ÷（1 + 税率）× 税率<br>2018 年 5 月 1 日前税率为 17% 或 11%<br>特殊情况下，按简易办法计税，应纳税额 = 含税销售额 ÷（1 +3%）×3% | 应纳税额 = 含税销售额 ÷（1 +3%）×3% |
| | 经营旧货 | 应纳税额 = 含税销售额 ÷（1 +3%）×2% | 应纳税额 = 含税销售额 ÷（1 +3%）×2% |
| 提供劳务 | | 销项税额 = 含税销售额 ÷（1 +17%）×17% | 应纳税额 = 含税销售额 ÷（1 +3%）×3% |
| 提供服务等等 | 一般规定 | 销项税额 = 含税销售额 ÷（1 + 税率）× 税率<br>税率为 17%、11%、6% | 应纳税额 = 含税销售额 ÷（1 + 3% 或 5%）×3% 或 5% |
| | 特殊情况 | 一些列举的特定行为可选择简易征收办法：<br>应纳税额 = 含税销售额 ÷（1 +3%）×3%<br>应纳税额 = 含税销售额 ÷（1 +5%）×5% | |

### （一）纳税人销售自己使用过的固定资产采用简易计税，会计处理

1. 转入固定资产清理。

借：固定资产清理

　　累计折旧

　　贷：固定资产原值

2. 清理发生收入、费用和应纳税额。

（1）清理收入。

借：银行存款

贷：固定资产清理

（2）清理发生的费用。

借：固定资产清理

贷：银行存款

（3）计算应纳税额和缴纳（不管是按照依3%的征收率，减按2%征收增值税，还是放弃减税，应纳税额全额在本分录中核算）。

借：固定资产清理

贷：应交税费——简易计税

借：应交税费——简易计税

贷：银行存款

备注：也有对于减征1%的部分，计入营业外收入（下同）。

借：应交税费——简易计税

贷：营业外收入

3. 结转固定资产清理，固定资产清理科目余额结转为0。

借：营业外支出

贷：固定资产清理

或借：固定资产清理

贷：营业外收入

个别情况可能结转到“待处理财产损益”科目，如发生人为损坏处理固定资产。

**（二）文件依据**

《财政部、国家税务总局关于全国实施增值税转型改革若干问题的通知》（财税〔2008〕170号）

《国家税务总局关于增值税简易征收政策有关管理问题的通知》（国税函〔2009〕90号）

《财政部、国家税务总局关于部分货物适用增值税低税率和简易办法征收增值税政策的通知》（财税〔2009〕9号）

《财政部、国家税务总局关于简并增值税征收率政策的通知》（财税〔2014〕57号）

《国家税务总局关于一般纳税人销售自己使用过的固定资产增值税有关问题的公告》（国家税务总局公告2012年第1号）

《国家税务总局关于简并增值税征收率有关问题的公告》（国家税务总局公

告2014年第36号）

《财政部、国家税务总局关于全面推开营业税改征增值税试点的通知》（财税〔2016〕36号）

## 二十五、增值税税收优惠有哪些

### （一）已使用固定资产减征增值税

【事项描述】

符合已使用固定资产减征增值税优惠条件的纳税人，按规定将相关资料报税务机关备案，享受减征增值税。

【办理时限】

1. 纳税人办理时限。

纳税人在首次享受减免税的申报阶段，或在税务机关要求的申报征期后的其他规定期限内办理。

2. 税务机关办理时限。

报送资料齐全、符合法定形式、填写内容完整，受理后即时办结。

【报送资料】

《纳税人减免税备案登记表》原件2份。

【政策依据】

《国家税务总局关于发布〈税收减免管理办法〉的公告》（国家税务总局公告2015年第43号）

《财政部　国家税务总局关于简并增值税征收率政策的通知》（财税〔2014〕57号）

《财政部　国家税务总局关于全国实施增值税转型改革若干问题的通知》（财税〔2008〕170号）

《财政部　国家税务总局关于部分货物适用增值税低税率和简易办法征收增值税政策的通知》（财税〔2009〕9号）

《国家税务总局关于一般纳税人销售自己使用过的固定资产增值税有关问题的公告》（国家税务总局公告2012年第1号）

【温馨提示】

1. 纳税人在符合减免税条件期间，备案材料一次性报备，在政策存续期可一直享受。

2. 纳税人享受备案类减免税的，对符合政策规定条件的材料有留存备查的义务。

**（二）技术转让、技术开发免征增值税优惠**

**【事项描述】**

符合技术转让、技术开发免征增值税优惠条件的纳税人，按规定将相关资料报税务机关备案，享受免征增值税优惠。

**【办理时限】**

1. 纳税人办理时限。

纳税人在首次享受减免税的申报阶段，或在税务机关要求的申报征期后的其他规定期限内办理。

2. 税务机关办理时限。

报送资料齐全、符合法定形式、填写内容完整，受理后即时办结。

**【报送资料】**

《纳税人减免税备案登记表》原件2份；技术转让合同原件及复印件各1份，原件核对后退还；技术开发合同各1份，原件核对后退还；科技主管部门审核意见证明文件各1份，原件核对后退还。

**【政策依据】**

《关于全面推开营业税改征增值税试点的通知》（财税〔2016〕36号）附件3。

**【温馨提示】**

1. 纳税人在符合减免税条件期间，备案材料一次性报备，在政策存续期可一直享受。

2. 纳税人享受备案类减免税的，对符合政策规定条件的材料有留存备查的义务。

**（三）安置残疾人就业增值税即征即退优惠办理**

**【事项名称】**

安置残疾人就业增值税即征即退优惠办理。

**【事项描述】**

依法享受安置残疾人就业增值税即征即退税收优惠的纳税人，向税务机关申请部分或全部退还按规定缴纳的税款。

**【办理时限】**

纳税人按照纳税期限向主管国税机关申请退还增值税。本纳税期已交增值税额不足退还的，可在本纳税年度内以前纳税期已交增值税扣除已退增值税的余额中退还，仍不足退还的可结转本纳税年度内以后纳税期退还，但不得结转以后年度退还。纳税期限不为按月的，只能对其符合条件的月份退还增值税。

【报送资料】

纳税人首次申请享受税收优惠政策，应向主管税务机关提供以下备案资料：

1.《税务资格备案表》。

2. 安置的残疾人的《中华人民共和国残疾人证》或者《中华人民共和国残疾军人证（1至8级）》复印件，注明与原件一致，并逐页加盖公章。安置精神残疾人的，提供精神残疾人同意就业的书面声明以及其法定监护人签字或印章的证明精神残疾人具有劳动条件和劳动意愿的书面材料。

3. 安置的残疾人的身份证明复印件，注明与原件一致，并逐页加盖公章。

纳税人申请退还增值税时，需报送如下资料：

1.《退（抵）税申请审批表》。

2.《安置残疾人纳税人申请增值税退税声明》（见附件）。

3. 当期为残疾人缴纳社会保险费凭证的复印件及由纳税人加盖公章确认的注明缴纳人员、缴纳金额、缴纳期间的明细表。

4. 当期由银行等金融机构或纳税人加盖公章的按月为残疾人支付工资的清单。

【政策依据】

《财政部　国家税务总局关于促进残疾人就业增值税优惠政策的通知》（财税〔2016〕52号）

国家税务总局公告2016年第33号关于发布《促进残疾人就业增值税优惠政策管理办法》的公告。

【温馨提示】

1. 纳税人应当分别核算上述享受税收优惠政策和不得享受税收优惠政策业务的销售额，不能分别核算的，不得享受本通知规定的优惠政策。

2. 如果既适用促进残疾人就业增值税优惠政策，又适用重点群体、退役士兵、随军家属、军转干部等支持就业的增值税优惠政策的，纳税人可自行选择适用的优惠政策，但不能累加执行。一经选定，36个月内不得变更。

3. 残疾人个人提供的加工、修理修配劳务，免征增值税。

4. 享受促进残疾人就业增值税优惠政策的纳税人，对能证明或印证符合政策规定条件的相关材料负有留存备查义务。纳税人在税务机关后续管理中不能提供相关材料的，不得继续享受优惠政策。税务机关应追缴其相应纳税期内已享受的增值税退税，并依照税收征管法及其实施细则的有关规定处理。

### （四）资源综合利用增值税即征即退优惠办理

**【事项描述】**

1. 纳税人销售自产的资源综合利用产品和提供资源综合利用劳务（以下称销售综合利用产品和劳务），可享受增值税即征即退政策。具体综合利用的资源名称、综合利用产品和劳务名称、技术标准和相关条件、退税比例等按照政策通知所附《资源综合利用产品和劳务增值税优惠目录》的相关规定执行。

2. 纳税人从事《目录》所列的资源综合利用项目，其申请享受本通知规定的增值税即征即退政策时，应同时符合下列条件：

（1）属于增值税一般纳税人。

（2）销售综合利用产品和劳务，不属于国家发展改革委《产业结构调整指导目录》中的禁止类、限制类项目。

（3）销售综合利用产品和劳务，不属于环境保护部《环境保护综合名录》中的“高污染、高环境风险”产品或者重污染工艺。

（4）综合利用的资源，属于环境保护部《国家危险废物名录》列明的危险废物的，应当取得省级及以上环境保护部门颁发的《危险废物经营许可证》，且许可经营范围包括该危险废物的利用。

（5）纳税信用等级不属于税务机关评定的C级或D级。

**【报送资料】**

纳税人在办理退税事宜时，应向主管税务机关提供其符合本条规定的上述条件以及《目录》规定的技术标准和相关条件的书面声明材料，未提供书面声明材料或者出具虚假材料的，税务机关不得给予退税。

**【办理时限】**

1. 纳税人办理时限。

无具体办理时限要求。

2. 税务机关办理时限。

报送资料齐全、符合法定形式、填写内容完整的，自受理之日起20个工作日内办结。

**【政策依据】**

《财政部　国家税务总局关于印发〈资源综合利用产品和劳务增值税优惠目录〉的通知》（财税〔2015〕78号）。

《国家税务总局关于发布〈税收减免管理办法〉的公告（国家税务总局2015年第43号）。

【温馨提示】

1. 纳税人享受增值税即征即退税收优惠政策，首先进行税收优惠资格备案，按规定进行纳税申报。纳税人享受减免税的情形发生变化时，应当及时向税务机关报告。

2. 自 2015 年 7 月 1 日起，已享受资源综合利用增值税即征即退优惠政策的纳税人，自不符合规定的条件以及《目录》规定的技术标准和相关条件的次月起，不再享受规定的增值税即征即退政策。

3. 自 2015 年 7 月 1 日起，已享受资源综合利用增值税即征即退优惠政策的纳税人，因违反税收、环境保护的法律法规受到处罚（警告或单次 1 万元以下罚款除外）的，自处罚决定下达的次月起 36 个月内，不得享受规定的增值税即征即退政策。

4. 纳税人应当单独核算适用增值税即征即退政策的综合利用产品和劳务的销售额和应纳税额。未单独核算的，不得享受规定的增值税即征即退政策。

5. 纳税人接到税务机关通知之后，领取《税务事项通知书》。

# 第四章　城市维护建设税、教育费附加

## 一、城市维护建设税的计税依据和税率是怎么规定的

城市维护建设税，以纳税人实际缴纳的增值税、消费税税额为计税依据，随“两税”同时缴纳。

纳税人所在地在市区的，税率为7%；

纳税人所在地在县城、镇的，税率为5%；

纳税人所在地不在市区、县城或镇的，税率为1%。

## 二、教育费附加的纳税义务人及税率是怎么规定的

凡缴纳消费税、增值税的单位和个人，除按照《国务院关于筹措农村学校办学经费的通知》（国发〔1984〕174号文）的规定，缴纳农村教育事业费附加的单位外，都应当依照本规定缴纳教育费附加。

教育费附加，以各单位和个人实际缴纳的消费税、增值税的税额为计征依据，教育费附加率为3%，地方教育费附加为2%，分别与消费税、增值税同时缴纳。

## 三、对“两税”发生退税的，城建税及教育费附加是否一并退还

由于减免消费税、增值税而发生的退税，同时退还已纳的城市维护建设税和教育费附加。

对“两税”实行先征后返、先征后退、即征即退办法的，除另有规定外，对随“两税”附征的城市维护建设税和教育费附加，一律不予退还。

**【政策依据】**《财政部关于征收教育费附加几个具体问题的通知》（财税字〔1986〕120号）

《关于城市维护建设税几个具体业务问题的补充规定》（财税〔1985〕143号）

《关于增值税、营业税、消费税实行先征后返等办法有关城建税和教育费附加政策的通知》（财税〔2005〕72号）

## 四、企业从国外进口大型煤化工设备，是否缴纳城建税及教育费附加

对进口产品征收的消费税、增值税，不征收城市维护建设税和教育费附加；对出口产品退还消费税、增值税的，不退还已纳的城市维护建设税和教育费附加。

**【政策依据】**《关于贯彻执行〈中华人民共和国城市维护建设税暂行条例〉几个具体问题的规定》（财税〔1985〕69号）

《关于城市维护建设税几个具体业务问题的补充规定》（财税〔1985〕143号）

## 五、企业在市、县及镇均设有分支机构，其增值税、营业税、企业所得税等均由集团公司汇总缴纳，如何缴纳城市维护建设税

城市维护建设税应按纳税人所在地的规定税率执行，但对下列两种情况，可按缴纳“两税”所在地的规定税率就地缴纳：

（1）由受托方代征代扣消费税、增值税的单位和个人；

（2）流动经营等无固定纳税地点的单位和个人。

企业由集团公司统一汇总缴纳各税，不属于上述的两种特殊情况，应按照纳税人所在地的规定税率计算缴纳城市维护建设税。

**【政策依据】**《关于城市维护建设税几个具体业务问题的补充规定》（财税〔1985〕143号）

## 六、建制镇辖区内的村庄，其城市维护建设税的税率如何确定

村庄属于建制镇的管辖，应根据行政区域划分，按照建制镇适用的税率（5%）缴纳城市维护建设税。

## 七、异地预缴增值税城建税及教育费附加如何缴纳

纳税人跨地区提供建筑服务、销售和出租不动产的，应在建筑服务发生地、不动产所在地预缴增值税时，以预缴增值税税额为计税依据，并按预缴增值税所在地的城市维护建设税适用税率和教育费附加征收率就地计算缴纳城市维护建设

税和教育费附加。

预缴增值税的纳税人在其机构所在地申报缴纳增值税时，以其实际缴纳的增值税税额为计税依据，并按机构所在地的城市维护建设税适用税率和教育费附加征收率就地计算缴纳城市维护建设税和教育费附加。

**【政策依据】**《纳税人异地预缴增值税有关城市维护建设税和教育费附加政策问题的通知》（财税〔2016〕74号）

# 第五章　个人所得税

## 一、工资、薪金所得个人所得税如何计算

工资、薪金所得，是指个人因任职或者受雇而取得的工资、薪金、奖金、年终加薪、劳动分红、津贴、补贴以及与任职或者受雇有关的其他所得。

自 2011 年 9 月 1 日起，以每月实际取得的工资、薪金所得，减除费用标准 3500 元后的余额为应纳税所得额，根据 7 级超额累进税率计算缴纳个人所得税。

## 二、税后工资（不含税工资）如何计算个人所得税

首先把不含税收入转换成应税所得额，再根据适用税率计算个人所得税，计算公式：

应税所得额 =（不含税收入 – 费用扣除标准 – 速算扣除数）÷（1 – 税率）

应纳税额 = 应税所得额 × 适用税率 – 速算扣除数

**【例】** 甲公司为了留住人才，承诺李某 2017 年 1 月开始每月税后工资收入 8000 元，那么李某在 2017 年 2 月应缴纳的个人所得税？

把不含税收入转换成应税所得额：（查找适用税率）

应纳税所得额 =（8000 – 3500 – 555）/（1 – 20%）= 4931.25（元）

应纳个人所得税额：

应纳税额 = 4931.25 × 20% – 555 = 431.25（元）

## 三、全年一次性奖金如何缴纳个税，职工取得的季度奖、半年奖，能否作为全年一次性奖金缴纳个人所得税

职工取得的全年一次性奖金，单独作为一个月工资、薪金所得计算纳税个人所得税，并按以下计税办法，由扣缴义务人发放时代扣代缴：

先将职工当月内取得的全年一次性奖金除以 12 个月，按其商数确定适用税

率和速算扣除数。

（1）如果雇员当月工资薪金所得高于（或等于）税法规定的费用扣除额的，适用公式为：

应纳税额 = 雇员当月取得全年一次性奖金 × 适用税率 − 速算扣除数

（2）如果雇员当月工资薪金所得低于税法规定的费用扣除额的，适用公式为：

应纳税额 =（雇员当月取得全年一次性奖金
− 雇员当月工资薪金所得与费用扣除额的差额）
× 适用税率 − 速算扣除数

职工取得除全年一次性奖金以外的其他各种名目奖金，如半年奖、季度奖、加班奖、先进奖、考勤奖等，一律与当月工资、薪金收入合并，按税法规定缴纳个人所得税。在一个纳税年度内，对每一个纳税人，该计税办法只允许采用一次。

**【政策依据】**《关于调整个人取得全年一次性奖金等计算征收个人所得税方法问题的通知》（国税发〔2005〕9 号）

**【例】** 2017 年 2 月职工王某领取年终奖 10 万元，王某 2017 年 2 月工资 3000 元，如何缴纳个人所得税？

[100000 − (3500 − 3000)]/12 = 8291.67（元），适用税率 25%，速算扣除数 1005 元；

应纳个人所得税额：[100000 − (3500 − 3000)] × 25% − 1005 = 23870（元）。

## 四、不含税全年一次性奖金个人所得税如何计算

1. 如果当月工资大于费用扣除标准：

（1）按照不含税的全年一次性奖金收入除以 12 的商数，查找相应适用税率 A 和速算扣除数 A；

（2）含税的全年一次性奖金收入 =（不含税的全年一次性奖金收入 − 速算扣除数 A）÷（1 − 适用税率 A）；

（3）按含税的全年一次性奖金收入除以 12 的商数，重新查找适用税率 B 和速算扣除数 B；

（4）应纳税额 = 含税的全年一次性奖金收入 × 适用税率 B − 速算扣除数 B。

2. 如果纳税人取得不含税全年一次性奖金收入的当月工资薪金所得，低于税法规定的费用扣除额，应先将不含税全年一次性奖金减去当月工资薪金所得低

于税法规定费用扣除额的差额部分后，再按照上述第一条规定处理。

**【例】** 2017 年 2 月职工王某领取不含税的年终奖 10 万元，王某 2017 年 2 月工资 3000 元，如何缴纳个人所得税？

[100000 -（3500 -3000）]/12 =8291.67（元），适用税率 25%，速算扣除数 1005 元；

含税的年终奖：[100000 -（3500 -3000）-1005]/(1 -25%）=131326.67(元)

[131326.67 -（3500 -3000）]/12 =10902.22（元），适用 25% 税率，速算扣除数 1005 元。

应纳个人所得税额：[131326.67 -（3500 -3000）] ×25% -1005 =31701.67（元）。

## 五、对雇佣单位和派遣单位分别支付工资的，如何缴纳个人所得税

凡是由雇佣单位（实际雇用单位）和派遣单位（签订劳动合同单位）分别支付工资薪金的，支付单位应代扣代缴个人所得税。为了有利于征管，对雇佣单位和派遣单位分别支付工资、薪金的，采取由支付者中的一方减除费用的方法，即只由雇佣单位在支付工资、薪金时，按税法规定减除费用，计算扣缴个人所得税；派遣单位支付的工资、薪金不再减除费用，以支付全额直接确定适用税率，计算扣缴个人所得税。

应持两处支付单位提供的原始明细工资、薪金单（书）和完税凭证原件，选择并固定到一地税务机关申报每月工资、薪金收入，汇算清缴其工资、薪金收入的个人所得税，多退少补。同时，对可以提供有效合同或有关凭证，能够证明其工资、薪金所得的一部分按照有关规定上交派遣（介绍）单位的，可扣除其实际上交的部分，按其余额计征个人所得税。

**【政策依据】** 国家税务总局关于印发《征收个人所得税若干问题的规定》的通知（国税发〔1994〕89 号）

**【例】** 王某是一家上市公司机关的部门负责人，2017 年 8 月被派往下属全资子公司助勤，当月全资子公司支付其工资 7000 元（需上交派遣单位 20%，有合同证明），上市公司支付其当月工资 3000 元，王某如何申报个人所得税？

全资子公司应代扣代缴个人所得税 =[7000 ×（1 -20%）-3500] ×10% -105 =105（元）。

上市公司应代扣代缴个人所得税为 =3000 ×10% -105 =195（元）

王某当月还应补缴个人所得税 =[7000 ×（1 -20%）+3000 -3500] ×20% -555 -（105 +195）=165（元）

王某应选择并固定到一地税务机关申报当月工资、薪金收入，汇算清缴个人所得税，补缴个人所得税款165元。

## 六、采掘业工资、薪金采取按年计算分月缴纳的方式，多退少补；那么对于采掘业的管理人员是不是同样适用该政策

采掘业、远洋运输业等行业的工作有一定的不确定性或季节性因素，季度、月份之间的工资、薪金所得差距较大，为平衡这些特殊行业就业人员各月之间工资、薪金所得的税负，对这些行业工资、薪金采取按年计算、分月预缴的方式，即平时按月预缴，自年度终了之日起30日内，合计其全年工资、薪金所得，再按12个月平均计算实际应纳税款。

根据这一税法精神，对于煤矿企业中管理人员，如果其工资薪金也和一线工人的工资一样，根据产量不同在季度、月份之间有较大浮动，可以采取按年计算、分月预缴的方式；但如果管理人员的工资薪金不与煤矿的产量挂钩，各月之间相对均衡和稳定，则应按月计算税款。

操作步骤：

（1）年度终了后汇总全年收入除以12个月，算出月均收入额；

（2）应纳税额=[（月均收入额-3500）×适用税率-速算扣除数]×12；

（3）汇算清缴时应缴（应退）税额=全年应纳税额-平时预缴税款。

## 七、对于年薪12万元以上的纳税人，如何自行申报个人所得税

1. 年薪12万元以上，是指纳税人在一个纳税年度取得以下各项所得的合计数额达到12万元：

（1）工资薪金所得，按照未减除费用（每月3500元）的收入额计算；

（2）个体工商户的生产经营所得，按应纳税所得额计算；

（3）对企事业单位的承包经营、承租经营所得，按照每一纳税年度的收入总额计算；

（4）劳务报酬所得，按照未减除费用的收入额计算；

（5）稿酬所得，按照未减除费用的收入额计算；

（6）特许权使用费所得，按照未减除费用的收入额计算；

（7）财产租赁所得，按照未减除费用和修缮费用的收入额计算；

（8）利息、股息、红利所得，按照收入全额计算；

（9）财产转让所得，按照应纳税所得额计算；

（10）偶然所得，按照收入全额计算。

2. 不包含以下项目所得：

（1）省级人民政府、国务院部委、中国人民解放军军以上单位，以及外国组织、国际组织颁发的科学、教育、技术、文化、卫生、体育、环境保护等方面的奖金；

（2）国债和国家发行的金融债券利息；

（3）按照国家统一规定发给的补贴、津贴（指免征个税的政府特殊津贴、院士津贴等）；

（4）福利费、抚恤金、救济金；

（5）保险赔款；

（6）军人的转业费、复员费；

（7）按照国家统一规定发给干部、职工的安家费、退职费、退休工资、离休工资、离休生活补助费；

（8）依照我国有关法律规定应予免税的各国驻华使馆、领事馆的外交代表、领事官员和其他人员的所得；

（9）中国政府参加的国际公约、签订的协议中规定免税的所得。

3. 如何进行申报？

各地主管税局要求不同，需到主管局大厅咨询，进行网络申报。

**【政策依据】** 国家税务总局关于印发《个人所得税自行纳税申报办法（试行）》的通知（国税发〔2006〕162号）

## 八、提前退休而支付的一次性补偿，如何缴纳个人所得税

凡机关、企事业单位对未达到法定退休年龄、正式办理提前退休手续的个人，按照统一标准向提前退休工作人员支付一次性补贴，不属于免税的离退休工资收入，应按照“工资薪金所得”项目征收个人所得税。征收方式将按照办理提前退休手续至法定退休年龄之间所属月份平均分摊计算个税。计算公式：应纳税额=[（一次性补贴收入/办理提前退休手续至法定退休年龄的实际月份数－费用扣除标准）×适用税率－速算扣除数]×提前办理退休手续至法定年龄的实际月份数。

煤矿企业根据国务院相关规定，为职工提前退休发放的一次性补贴，应按以上规定代扣代缴个人所得税。

**【政策依据】** 国家税务总局2011年6号公告



**【例】** 甲煤矿男职工李某为井下工人，从事煤矿井下工作25年，2012年12

月已50周岁，距正式退休年龄还有10年，根据国务院相关政策规定申请退休，并与2012年12月底办清了相关手续，煤矿给予一次性补偿12万元，应缴纳的个人所得税是多少？

应纳税所得额 = 120000/120 - 3500 = -2500（元），不涉及个人所得税。

如果补助60万元，则应纳税所得额 = 600000/120 - 3500 = 1500（元）

适用税率3%，应纳税额 = 1500 × 3% × 120 = 5400（元）。

## 九、企业过节为员工发放的米、面、油等福利；为参加运动会的职工购买的运动服、运动鞋等，是否应扣缴个人所得税？如何计算

个人所得的形式，包括现金、实物、有价证券和其他形式的经济利益。

据一些地区反映，《中华人民共和国个人所得税法实施条例》第十四条所说的从福利费或者工会经费中支付给个人的生活补助费，由于缺乏明确的范围，在实际执行中难以具体界定，各地掌握尺度不一，须统一明确规定，以利执行。经研究，现明确如下：

1. 上述所称生活补助费，是指由于某些特定事件或原因而给纳税人本人或其家庭的正常生活造成一定困难，其任职单位按国家规定从提留的福利费或者工会经费中向其支付的临时性生活困难补助。

2. 下列收入不属于免税的福利费范围，应当并入纳税人的工资、薪金收入计征个人所得税：

（1）从超出国家规定的比例或基数计提的福利费、工会经费中支付给个人的各种补贴、补助；（2）从福利费和工会经费中支付给本单位职工的人人有份的补贴、补助；（3）单位为个人购买汽车、住房、电子计算机等不属于临时性生活困难补助性质的支出。

企业为职工发放的实物福利、召开运动会为职工购买的运动服等应按发票上注明的价格，并入当月工资薪金所得，计算缴纳个人所得税。

①在发放实物福利的当月并入每个人的工资，对合并后超过工资扣除标准的部分员工，按适用税率计算缴纳个人所得税。

②如果在发放实物福利的当月未并入工资扣缴个税，可以与主管税务机关沟通，期末从账面查询实物发放的金额，估计相对合理的税率，按取得不含税收入方式核算个人所得税，计算公式：

应纳税所得额 =（不含税工资收入 - 费用扣除数 - 速算扣除数）/（1 - 税率）

**注：**适用税率为不含税个人所得税税率表中查找的税率。

应纳的个人所得税额＝应纳税所得额×适用税率－速算扣除数

**注：**适用税率为含税的个人所得税税率。

**【政策依据】**《个人所得税法实施条例》第十条

《关于生活补助费范围确定问题的通知》（国税发〔1998〕155号）

## 十、矿山企业为井下作业的职工缴纳的意外伤害险是否缴纳个人所得税

根据个人所得税法及有关规定，对企业为职工支付和职工个人缴付的基本养老保险、基本医疗保险、失业保险、生育保险、工伤保险、住房公积金免征个人所得税；为职工缴纳的意外伤害险，应并入职工当月工资薪金所得计算缴纳个人所得税。

## 十一、煤炭企业为井下职工发放的班中餐补贴、高温津贴、住房补贴是否缴纳个人所得税

对按照国务院规定发放的特殊津贴和国务院规定免缴个人所得税的补贴、津贴免予征收个人所得税。其他均应并入当月工资缴纳个人所得税。

煤炭企业为井下职工发放的班中餐补贴、高温津贴、住房补贴等应并入发放当月工资薪金，计算缴纳个人所得税。

**【政策依据】**关于印发《征收个人所得税若干问题的规定》的通知（国税发〔1994〕89号）

## 十二、企业向员工发放的交通补贴、通讯补贴、防暑降温费、劳动保护用品如何缴纳个人所得税

1. 企业向职工个人发放的交通补贴（包括报销、现金等形式），按交通补贴全额的30%作为个人收入并入当月工资薪金所得征收个人所得税。

2. 企业向职工发放的通讯补贴，当地政府规定标准的，超过标准或超过每人每月500元限额的部分，并入当月工资薪金所得征收个人所得税；当地政府未规定具体标准的，按通讯补贴（包括报销、现金等形式）全额的20%并入当月工资薪金所得计算征收个人所得税。

3. 企业按照县级以上政府规定标准向职工个人发放的防暑降温费暂免征收

个人所得税，超过当地政府规定标准部分并入当月工资薪金所得计算征收个人所得税。

4. 企业按照当地政府（县以上）规定的劳动保护标准发放给个人的劳动保护用品暂免征收个人所得税，超过规定部分并入当月工资薪金所得计算征收个人所得税；当地政府未规定标准的，发放实物的暂免征收个人所得税，发放现金的并入当月工资薪金所得计算征收个人所得税。

**【政策依据】**《河北省地方税务局关于个人所得税若干业务问题的通知》（冀地税发〔2009〕46 号）

## 十三、企业向员工发放的取暖补贴如何缴纳个人所得税

当地政府对企业的取暖补贴发放标准有具体规定的，按政府规定执行；没有具体标准的可参照当地政府对行政事业单位的取暖补贴标准执行，但企业职工取得取暖补贴的标准最高不得超过 3500 元，在标准内据实扣除。

企业职工取得的超过当地政府规定标准或超过 3500 元最高限额的取暖补贴，分摊到取暖期所属月份计征个人所得税。

**【政策依据】**冀地税函 2008 年 236 号

## 十四、煤矿企业为引进大学生发放的一次性毕业生安家费是否缴纳个人所得税

按照国家统一规定发给干部、职工的安家费、退职费、退休工资、离休工资、离休生活补助费免纳个人所得税；但税法中按照国家统一规定发给干部、职工的安家费目前是指下岗职工的安家费，“国家统一规定”是指退职干部安家补助费标准。

目前未看到国务院、各部委及河北省，关于人才引进安家费的发放标准，应作为“工资、薪金所得”缴纳个人所得税。

## 十五、企业为个人买房、买车，如何缴纳个人所得税

符合以下情形的房屋或其他财产，不论所有权人是否将财产无偿或有偿交付企业使用，其实质均为企业对个人进行了实物性质的分配，应依法计征个人所得税。

1. 企业出资购买房屋及其他财产，将所有权登记为投资者个人、投资者家庭成员或企业其他人员的；

2. 企业投资者个人、投资者家庭成员或企业其他人员向企业借款用于购买房屋及其他财产，将所有权登记为投资者、投资者家庭成员或企业其他人员，且借款年度终了后未归还借款的。

对除个人独资企业、合伙企业以外其他企业的个人投资者或其家庭成员取得的上述所得，视为企业对个人投资者的红利分配，按照“利息、股息、红利所得”项目计征个人所得税；对企业其他人员取得的上述所得，按照“工资、薪金所得”项目计征个人所得税。

**【政策依据】**《关于企业为个人购买房屋或其他财产征收个人所得税问题的批复》（财税〔2008〕83号）

## 十六、企业年金如何缴纳个人所得税

企业和事业单位（以下统称单位）根据国家有关政策规定的办法和标准，为在本单位任职或者受雇的全体职工缴付的企业年金或职业年金（以下统称年金）单位缴费部分，在计入个人账户时，个人暂不缴纳个人所得税。

个人根据国家有关政策规定缴付的年金个人缴费部分，在不超过本人缴费工资计税基数的4%标准内的部分，暂从个人当期的应纳税所得额中扣除。

个人达到国家规定退休年龄，在2014年1月1日之后按月领取的年金，全额按照“工资、薪金所得”项目适用的税率，计征个人所得税；在2014年1月1日之后按年或按季领取的年金，平均分摊计入各月，每月领取额全额按照“工资、薪金所得”项目适用的税率，计征个人所得税。

**【政策依据】**《财税关于企业年金　职业年金个人所得税有关问题的通知》（财税〔2013〕103号）

## 十七、企业为职工个人缴纳的补充医疗保险如何缴纳个人所得税

企业为职工个人缴纳的补充医疗保险，应与个人当月的工资薪金合并一并缴纳个人所得税。

## 十八、对于财务核算不健全的“小煤窑”，如何计算股权分红个人所得税

根据《税收征管法》和《个人所得税法》的相关规定应采取“核定征收”方式。例如，《朔州市地方税务局关于印发〈朔州市煤炭采掘业投资人股息、红利个人所得税核定管理办法〉的通知》规定，暂确定全市指导性的分红比例为50%，个人所得税定额幅度暂定为2～3元/吨。

## 十九、集团公司在年会上对其供应商的物质奖励和现金奖励，如何代扣代缴个人所得税

1. 企业在销售商品（产品）和提供服务过程中向个人赠送礼品，属于下列情形之一的，不征收个人所得税：企业通过价格折扣、折让方式向个人销售产品和提供服务；

2. 企业向个人赠送礼品，属于下列情形之一的，取得该项所得的个人应依法缴纳个人所得税，税款由赠送礼品的企业代扣代缴：

（1）企业在业务宣传、广告等活动中，随机向本单位以外的个人赠送礼品，对个人取得的礼品所得，按照“其他所得”项目，全额适用20%的税率缴纳个人所得税。

（2）企业在年会、座谈会、庆典以及其他活动中向本单位以外的个人赠送礼品，对个人取得的礼品所得，按照“其他所得”项目，全额适用20%的税率缴纳个人所得税。

**【政策依据】**《关于企业促销展业赠送礼品有关个人所得税问题的通知》（财税〔2011〕50号）

## 二十、在单位内部刊物上发表文章取得稿酬收入，如何缴纳个人所得税

任职、受雇于报刊、杂志等单位的记者、编辑等专业人员，因在本单位的、杂志上发表作品取得的所得，属于因任职、受雇而取得的所得，应与其当月工资收入合并，按“工资、薪金所得”项目征收个人所得税。

除上述专业人员以外，其他人员在本单位的报刊、杂志上发表作品取得的所得，应按“稿酬所得”项目征收个人所得。

**【政策依据】**《国家税务总局关于个人所得税若干业务问题的批复》（国税函〔2002〕146号）

## 二十一、为公司内部员工培训如何缴纳个税

工资、薪金所得是属于非独立个人劳务活动，即在机关、团体、学校、部队、企事业单位及其他组织中任职、受雇而得到的报酬；劳务报酬则是个人独立从事各种技艺、提供各种劳务取得的报酬。两者的区别在于，前者存在雇佣与被雇佣的关系，后者则不存在这种关系。

由此可见，在公司内部请公司管理人员授课并给予一定的报酬，应按照“工资薪金所得”并入其当月的工资总额，计算缴纳个人所得税。

**【政策依据】**《国家税务总局关于印发征收个人所得税若干问题的规定的通知》（国税发〔1994〕089号）第十九条

## 二十二、企业向个人转增股本时如何纳税

自2016年1月1日起，全国范围内的中小高新技术企业以未分配利润、盈余公积、资本公积向个人股东转增股本时，个人股东一次缴纳个人所得税确有困难的，可根据实际情况自行制定分期缴税计划，在不超过5个公历年度内（含）分期缴纳，并将有关资料报主管税务机关备案。

个人股东获得转增的股本，应按照“利息、股息、红利所得”项目，适用20%税率征收个人所得税。

**【政策依据】**《关于将国家自主创新示范区有关税收试点政策推广到全国范围实施的通知》（财税2015年116号）

## 二十三、煤炭企业为职工发放的荣誉金是否缴纳个税

工资、薪金所得，是指个人因任职或者受雇而取得的工资、薪金、奖金、年终加薪、劳动分红、津贴、补贴以及与任职或者受雇有关的其他所得。

企业为职工发放的荣誉金属于奖金性质或与任职受雇有关的奖励，需要缴纳个税。

## 二十四、误餐补贴是否缴纳个人所得税

《中华人民共和国个人所得税法实施条例》第八条第一款的规定，工资、薪金所得，是指个人因任职或者受雇而取得的工资、薪金、奖金、年终加薪、劳动分红、津贴、补贴以及与任职或者受雇有关的其他所得。

根据《财政部　国家税务总局关于误餐补助范围确定问题的通知》（财税字〔1995〕82号），国税发〔1994〕89号文件规定不征税的误餐补助，是指按财政部门规定，个人因公在城区、郊区工作，不能在工作单位或返回就餐，确实需要在外就餐的，根据实际误餐顿数，按规定的标准领取的误餐费。一些单位以误餐补助名义发给职工的补贴，津贴，应当并入当月工资，薪金所得计征个人所得税。

因此，单位以误餐补助名义定额发给职工的补贴、津贴，应当并入当月工资、薪金所得计征个人所得税。

# 第六章　房　产　税

## 一、房产税的征税范围有哪些规定

房产税在城市、县城、建制镇和工矿区征收。

房产税的征税范围：

城市：为市区和郊区；

县城：为县人民政府所在地；

镇：为镇人民政府所在地，包括镇政府所在的行政村，但不包括所辖的行政村；

工矿区：是指工商业比较发达，人口比较集中，符合国务院规定的建制镇标准，但尚未设立镇建制的大中型工矿企业所在地。开征房产税的工矿区须经省、自治区、直辖市人民政府批准。

**【政策依据】**财政部　国家税务总局检发《关于房产税若干具体问题的解释和暂行法规》（财税地字〔1986〕8号）

《中华人民共和国房产税暂行条例》实施细则第四条

## 二、房产的概念

“房产”是以房屋形态表现的财产。房屋是指有屋面和围护结构（有墙或两边有柱），能够遮风避雨，可供人们在其中生产、工作、学习、娱乐、居住或储藏物资的场所。

独立于房屋之外的建筑物，如围墙、烟囱、水塔、变电塔、油池油柜、酒窖、菜窖、酒精池、糖蜜池、室外游泳池、玻璃暖房、砖瓦石灰窑以及各种油气罐等，不属于房产。

**【政策依据】**《关于房产税和车船使用税几个业务问题的解释与规定》（财税地字〔1987〕第003号）

## 三、房产原值是否包含附属设施及地价？原值如何计算

1. 对依照房产原值计税的房产，不论是否记载在会计账簿固定资产科目中，均应按照房屋原价计算缴纳房产税。房屋原价应根据国家有关会计制度规定进行核算。对纳税人未按国家会计制度规定核算并记载的，应按规定予以调整或重新评估。

2. 房产原值的确定：①依据纳税单位固定资产账页记载的金额确定；②未记入固定资产账户，但按有关的财务制度规定，房屋累计造价已达到固定资产标准的房产，按累计造价确定；③无房产原值和财务制度的自有房产，由房产所在地的地方税务机关，参考房产管理部门同一年代兴建的同类房屋的造价核定；④购买的房屋，按购进的价格确定。

与房屋不可分割的水、暖气、煤气、电器设备，应计算在房产原值内。

3. 房产原值应包括与房屋不可分割的各种附属设备或一般不单独计算价值的配套设施。主要有：暖气、卫生、通风、照明、煤气等设备；各种管线，如蒸气、压缩空气、石油、给水排水等管道及电力、电讯、电缆导线；电梯、升降机、过道、晒台等。

属于房屋附属设备的水管、下水道、暖气管、煤气管等从最近的探视井或三通管算起。电灯网、照明线从进线盒联接管算起。

4. 关于房屋附属设备和配套设施计征房产税问题，《财政部　税务总局关于房产税和车船使用税几个业务问题的解释与规定》（〔1987〕财税地字第3号）第二条已作了明确。随着社会经济的发展和房屋功能的完善，又出现了一些新的设备和设施，亟须明确。经研究，现将有关问题通知如下：

为了维持和增加房屋的使用功能或使房屋满足设计要求，凡以房屋为载体，不可随意移动的附属设备和配套设施，如给排水、采暖、消防、中央空调、电气及智能化楼宇设备等，无论在会计核算中是否单独记账与核算，都应计入房产原值，计征房产税。

对于更换房屋附属设备和配套设施的，在将其价值计入房产原值时，可扣减原来相应设备和设施的价值；对附属设备和配套设施中易损坏、需要经常更换的零配件，更新后不再计入房产原值。

5. 对按照房产原值计税的房产，无论会计上如何核算，房产原值均应包含地价，包括为取得土地使用权支付的价款、开发土地发生的成本费用等。宗地容积率低于0.5的，按房产建筑面积的2倍计算土地面积并据此确定计入房产原值的地价。

**【政策依据】**《财政部 国家税务总局关于房产税城镇土地使用税有关问题的通知》（财税〔2008〕152号）

《河北省房产税实施办法》（2011年修订版）

《财政部 税务总局关于房产税和车船使用税几个业务问题的解释与规定》（财税地〔1987〕3号）

《国家税务总局关于进一步明确房屋附属设备和配套设施计征房产税有关问题的通知》（国税发〔2005〕173号）

《财政部 国家税务总局关于安置残疾人就业单位城镇土地使用税等政策的通知》（财税〔2010〕121号）

**【例】**某公司支付4000万元取得20万平方米土地使用权，2011年在购置的土地上新建房屋，2011年12月完工并通过验收，房屋建筑面积8万平方米、总成本1800万元，计算2012年应缴纳的房产税？

宗地容积率：8万÷20万=0.4，宗地容积率低于0.5，按房产建筑面积的2倍计算土地面积并据此确定计入房产原值的地价。

土地单价=4000万元÷20=200（万元/平方米）

该房产的房产税计税原值=1800+(200×8×2)=5000（万元）

不考虑其他相关税费，该房产2012年应计算征收房产税：

5000×(1-30%)×1.2%=42（万元）。

## 四、房产税的纳税义务人如何规定的

房产税由产权所有人缴纳。产权属于全民所有的，由经营管理的单位缴纳。产权出典的，由承典人缴纳。产权所有人、承典人不在房产所在地的，或者产权未确定及租典纠纷未解决的，由房产代管人或者使用人缴纳。

## 五、免租期间如何缴纳房产税

对出租房产，租赁双方签订的租赁合同约定有免收租金期限的，免收租金期间由产权所有人按照房产原值缴纳房产税。

**【政策依据】**《财政部 国家税务总局关于安置残疾人就业单位城镇土地使用税等政策的通知》（财税〔2010〕121号）

## 六、无租使用如何缴纳房产税

无租使用其他单位房产的应税单位和个人，依照房产余值代缴纳房产税。

【政策依据】《财政部　国家税务总局关于房产税城镇土地使用税有关问题的通知》(财税〔2009〕128号)

## 七、煤炭企业储煤仓和地面皮带走廊是否缴纳房产税

根据财政部、国家税务总局《关于房产税和车船使用税几个业务问题的解释与规定》(财税地字〔1987〕第003号)精神，经调查了解，煤仓符合房屋功能和特征，对其应按规定征收房产税；对皮带机走廊暂不征收房产税。

【政策依据】《关于矿井建筑征收房产税问题的通知》(皖地税函〔2007〕144号)

## 八、矿井建筑物是否需要缴纳房产税

凡在房产税征收范围内的具备房屋功能的地下建筑，包括与地上房屋相连的地下建筑以及完全建在地面以下的建筑、地下人防设施等，均应当依照有关规定征收房产税。

依据以上政策矿井建筑物延伸到井下，井下建筑物若具备房屋功能的地下建筑，应按照规定缴纳房产税。对不具备房屋功能的井下建筑物，不缴纳房产税。

【政策依据】《关于具备房屋功能的地下建筑征收房产税的通知》(财税〔2005〕181号)

## 九、为了响应政府环保政策号召，企业修建的储藏煤炭的槽仓，是否缴纳房产税

凡在房产税征收范围内的具备房屋功能的地下建筑，包括与地上房屋相连的地下建筑以及完全建在地面以下的建筑、地下人防设施等，均应当依照有关规定缴纳房产税。

上述具备房屋功能的地下建筑是指有屋面和维护结构，能够遮风避雨，可供人们在其中生产、经营、工作、学习、娱乐、居住或储藏物资的场所。

企业修建的储藏煤炭的槽仓，应缴纳房产税，并区别以下情况进行处理：首先，如果是完全地下建筑—工业用途房产，以房屋原价的50%～60%作为应税房产原值；其次，如果与地上房屋相连的地下建筑，应将地下部分与地上房屋视为一体按照地上房屋建筑的有关规定缴纳房产税。

【政策依据】《关于具备房屋功能的地下建筑征收房产税的通知》(财税〔2005〕181号)

## 十、房产税的纳税义务发生时间、纳税地点是怎么规定的

1. 纳税义务发生时间。

纳税人新建、扩建、翻建的房屋从建成验收的次月起缴纳房产税；未经验收使用的，从使用的次月起缴纳房产税。

购置新建商品房，自房屋交付使用之次月起计征房产税和城镇土地使用税。

购置存量房，自办理房屋权属转移、变更登记手续，房地产权属登记机关签发房屋权属证书之次月起计征房产税和城镇土地使用税。

出租、出借房产，自交付出租、出借房产之次月起计征房产税和城镇土地使用税。

纳税人因房产、土地的实物或权利状态发生变化而依法终止房产税、城镇土地使用税纳税义务的，其应纳税款的计算应截至房产、土地的实物或权利状态发生变化的当月末。

2. 纳税地点。

房产税暂行条例第九条法规，“房产税由房产所在地的税务机关征收。”房产不在一地的纳税人，应按房产的座落地点，分别向房产所在地的税务机关缴纳房产税。

**【政策依据】**《中华人民共和国房产税暂行条例》实施细则

《关于房产税、城镇土地使用税有关政策规定的通知》(国税发〔2003〕89 号)

《财政部 国家税务总局关于房产税城镇土地使用税有关问题的通知》(财税〔2008〕152 号)

《财政部 国家税务总局检发〈关于房产税若干具体问题的解释和暂行法规〉》(财税地字〔1986〕8 号)

## 十一、煤炭企业的供暖锅炉是否缴纳房产税

对向居民供热所使用的厂房免征房产税，对既向居民供热，又向单位供热或兼营其他生产经营活动的供热企业，按其向居民供热而取得的采暖费收入占企业总收入的比例免征房产税。

对兼营供热企业，视其供热所使用的厂房及土地与其他生产经营活动所使用的厂房及土地是否可以区分，按照不同方法计算免征的房产税、城镇土地使用税。可以区分的，对其供热所使用厂房及土地，按向居民供热取得的采暖费收入占全部采暖费收入的比例计算减免税。难以区分的，对其全部厂房及土地，按向

居民供热取得的采暖费收入占其营业收入的比例计算减免税。

**【政策依据】**《关于继续执行供热企业增值税、房产税、城镇土地使用税优惠政策的通知》（财税〔2011〕118 号）

《关于供热企业增值税 房产税 城镇土地使用税优惠政策的通知》（财税〔2016〕94 号）

## 十二、校办企业是否缴纳房产税

校办企业的范围不包括私人办职工学校和各类成人学校（电大、夜大、业大、企业举办的职工学校等）举办的校办企业。

对实习工厂国家税务总局没有具体的规定，湖南省〔87〕湘税二字第 550 号第十条规定："学校校办工厂只对属于培训学生的实习场地、以学生生产（修理）产品为主的房屋免征房产税。

对于教培中心实习工厂的房产，应根据实际业务情况分析掌握。

## 十三、以房产投资联营如何缴纳房产税

1. 以房产投资联营，共担经营风险的，以房产余值为计税依据计征房产税（被投资方缴税）。

2. 以房产投资联营，收取固定收入，不承担经营风险，只收取固定收入的，实际是以联营名义取得房产租金，因此应由出租方按租金收入计征房产税。

**【政策依据】**《关于房产税 印花税 城镇土地使用税有关政策问题的通知》（冀地税发〔2003〕43 号）

## 十四、企业因增资扩股进行资产评估，对房产评估增值部分是否缴纳房产税？企业执行《企业会计准则》，因初始确认"投资性房地产"或"投资性房地产"公允价值变化而调整房产账面原价的，是否调整房产税的计税基础

根据《财政部 国家税务总局关于房产税、城镇土地使用税有关问题的通知》（财税〔2008〕152 号）规定：房屋原价应根据国家有关会计制度规定进行核算。因此，纳税人发生房产评估增值（或减值）等以上变化，并按国家有关会计制度规定调增（或调减）房产原值的，应按调整后的房产原值计征房产税。



需要说明的是，根据国家有关会计制度规定，纳税人除发生资产重组以及确

认投资性房地产等少数情形外，房产的会计核算应当遵循历史成本原则，不得因房产增值（减值）而随意调增（调减）房产原值。

## 十五、企业按国资委规定进行清产核资后，如何确定房产税的计税依据

根据《财政部关于清产核资试点企业有关会计处理规定》（〔93〕财会字第80号）的规定，企业固定资产价值重估后，经验收核实，应相应调整固定资产账面价值。固定资产重估后如为增值，按增值金额，记入固定资产科目。因此，对清产核资企业，应以企业会计账簿上调整后的"固定资产"科目中记载的房产原值计算缴纳房产税。

## 十六、房产税有哪些减免税优惠及如何享受

1. 教育行业的房产税优惠。

**【事项描述】**

国家拨付事业经费和企业办的各类学校、托儿所、幼儿园，其自用房产符合免征房产税优惠条件的，按规定提交相关资料进行备案。

**【办理时限】**

（1）纳税人办理时限。

纳税人在首次享受减免税的申报阶段，或在税务机关要求的申报征期后的其他规定期限内办理。

（2）税务机关办理时限。

报送资料齐全、符合法定形式、填写内容完整，受理后即时办结。

**【报送资料】**

| 序号 | 资料名称 | 原件/复印件 | 份数 | 备注 |
| --- | --- | --- | --- | --- |
| 1 | 《纳税人减免税申请核准表》 | 原件 | 2 | |
| 2 | 房屋权属证书或其他证明纳税人拥有或使用房屋的文件 | 原件及复印件 | 1 | 原件核对后退还 |
| 3 | 证明房产原值的资料 | 原件及复印件 | 1 | 原件核对后退还 |
| 4 | 教育部门出具的教育行业证明 | 原件及复印件 | 1 | 原件核对后退还 |

**【政策依据】**

《中华人民共和国房产税暂行条例》

《财政部　国家税务总局关于教育税收政策的通知》（财税〔2004〕39号）

【温馨提示】

（1）纳税人在符合减免税条件期间，备案材料一次性报备，在政策存续期可一直享受。

（2）纳税人享受减免税的情形发生变化时，应当及时向税务机关报告。

（3）纳税人享受备案类减免税的，对符合政策规定条件的材料有留存备查的义务。

2. 医疗卫生机构的房产税优惠。

【事项描述】

非营利性医疗机构自用的房产、营利性医疗机构取得执业登记之日起3年内自用的房产，符合免征房产税优惠条件的，纳税人按规定提交相关资料进行备案。

【办理时限】

（1）纳税人办理时限。

纳税人在首次享受减免税的申报阶段，或在税务机关要求的申报征期后的其他规定期限内办理。

（2）税务机关办理时限。

报送资料齐全、符合法定形式、填写内容完整，受理后即时办结。

【报送资料】

| 序号 | 资料名称 | 原件/复印件 | 份数 | 备注 |
|---|---|---|---|---|
| 1 | 《纳税人减免税申请核准表》 | 原件 | 2 | |
| 2 | 房屋权属证书或其他证明纳税人拥有或使用房屋的文件 | 原件及复印件 | 1 | 原件核对后退还 |
| 3 | 证明房产原值的资料 | 原件及复印件 | 1 | 原件核对后退还 |
| 4 | 医疗执业注册登记证 | 原件及复印件 | 1 | 原件核对后退还 |

【政策依据】

《中华人民共和国房产税暂行条例》

《财政部　国家税务总局关于医疗卫生机构有关税收政策的通知》（财税〔2000〕42号）

【温馨提示】

（1）纳税人在符合减免税条件期间，备案材料一次性报备，在政策存续期可一直享受。

（2）纳税人享受减免税的情形发生变化时，应当及时向税务机关报告。

（3）纳税人享受备案类减免税的，对符合政策规定条件的材料有留存备查的义务。

3.《财政部 国家税务总局关于供热企业增值税 房产税 城镇土地使用税优惠政策的通知》（财税〔2016〕94号）。

自2016年1月1日至2018年12月31日，对向居民供热而收取采暖费的供热企业，为居民供热所使用的厂房及土地免征房产税、镇土地使用税；对供热企业其他厂房及土地，应当按规定征收房产税、城镇土地使用税。

4. 大修停用房屋的房产税优惠。

**【事项描述】**

符合房屋大修停用在半年以上免征房产税优惠条件的纳税人，按规定提交相关资料进行备案。

**【办理时限】**

（1）纳税人办理时限。

纳税人在首次享受减免税的申报阶段，或在税务机关要求的申报征期后的其他规定期限内办理。

（2）税务机关办理时限。

报送资料齐全、符合法定形式、填写内容完整，受理后即时办结。

**【报送资料】**

| 序号 | 资料名称 | 原件/复印件 | 份数 | 备注 |
|---|---|---|---|---|
| 1 | 《纳税人减免税申请核准表》 | 原件 | 2 | |
| 2 | 房屋权属证书或其他证明纳税人拥有或使用房屋的文件 | 原件及复印件 | 1 | 原件核对后退还 |
| 3 | 证明房产原值的资料 | 原件及复印件 | 1 | 原件核对后退还 |
| 4 | 房屋大修相关证明材料 | 原件及复印件 | 1 | 原件核对后退还 |

**【政策依据】**

《中华人民共和国房产税暂行条例》

《财政部 税务总局关于房产税若干具体问题的解释和暂行规定》（财税地字〔1986〕8号）

**【温馨提示】**

（1）纳税人在符合减免税条件期间，备案材料一次性报备，在政策存续期可一直享受。

（2）纳税人享受减免税的情形发生变化时，应当及时向税务机关报告。

（3）纳税人享受备案类减免税的，对符合政策规定条件的材料有留存备查的义务。

5. 毁损不堪居住的房屋和危险房屋的房产税优惠。

**【事项描述】**

经有关部门鉴定，对毁损不堪居住的房屋和危险房屋，在停止使用后，符合免征房产税优惠条件的，纳税人按规定提交相关资料进行备案。

**【办理时限】**

（1）纳税人办理时限。

纳税人在首次享受减免税的申报阶段，或在税务机关要求的申报征期后的其他规定期限内办理。

（2）税务机关办理时限。

报送资料齐全、符合法定形式、填写内容完整，受理后即时办结。

**【报送资料】**

| 序号 | 资料名称 | 原件/复印件 | 份数 | 备注 |
|---|---|---|---|---|
| 1 | 《纳税人减免税申请核准表》 | 原件 | 2 | |
| 2 | 房屋权属证书或其他证明纳税人拥有或使用房屋的文件 | 原件及复印件 | 1 | 原件核对后退还 |
| 3 | 证明房产原值的资料 | 原件及复印件 | 1 | 原件核对后退还 |
| 4 | 房屋毁损鉴定证明材料 | 原件及复印件 | 1 | 原件核对后退还 |

**【政策依据】**

《中华人民共和国房产税暂行条例》

《财政部　税务总局关于房产税若干具体问题的解释和暂行规定》（财税地字〔1986〕8号）

**【温馨提示】**

（1）纳税人在符合减免税条件期间，备案材料一次性报备，在政策存续期可一直享受。

（2）纳税人享受减免税的情形发生变化时，应当及时向税务机关报告。

（3）纳税人享受备案类减免税的，对符合政策规定条件的材料有留存备查的义务。

6. 具备房屋功能的地下建筑房产税优惠。

【事项描述】

凡在房产税征收范围内的具备房屋功能的自用地下建筑，按以下方式计税：对工业用途房产，以房屋原价的50% ~60%作为应税房产原值；对商业和其他用途房产，以房屋原价的70% ~80%作为应税房产原值。房屋原价折算为应税房产原值的具体比例，由各省、自治区、直辖市和计划单列市财政和地方税务部门在上述幅度内自行确定。对符合原价折算条件的纳税人，按规定提交相关资料进行备案。

【办理时限】

(1) 纳税人办理时限。

纳税人在首次享受减免税的申报阶段，或在税务机关要求的申报征期后的其他规定期限内办理。

(2) 税务机关办理时限。

报送资料齐全、符合法定形式、填写内容完整，受理后即时办结。

【报送资料】

| 序号 | 资料名称 | 原件/复印件 | 份数 | 备注 |
|---|---|---|---|---|
| 1 | 《纳税人减免税申请核准表》 | 原件 | 2 | |
| 2 | 房屋权属证书或其他证明纳税人拥有或使用房屋的文件 | 原件及复印件 | 1 | 原件核对后退还 |
| 3 | 证明房产原值的资料 | 原件及复印件 | 1 | 原件核对后退还 |
| 4 | 证明房产用途的资料 | 原件 | 1 | |

【政策依据】

《中华人民共和国房产税暂行条例》

《财政部　国家税务总局关于具备房屋功能的地下建筑征收房产税的通知》(财税〔2005〕181号)

【温馨提示】

(1) 纳税人在符合减免税条件期间，备案材料一次性报备，在政策存续期可一直享受。

(2) 纳税人享受减免税的情形发生变化时，应当及时向税务机关报告。

(3) 纳税人享受备案类减免税的，对符合政策规定条件的材料有留存备查的义务。

7. 纳税有困难的企业房产税优惠。

**【事项描述】**

纳税人符合下列情况之一，且造成缴纳房产税、城镇土地使用税困难的，可酌情给予减免税优惠。

（1）因严重自然灾害或其他不可抗力因素遭受重大损失。

（2）从事国家鼓励和扶持发展产业或社会公益事业发生严重亏损以及申请减免年度全年停产。

（3）社会负担重、涉及转制的老国有企业；确属空壳又无法破产的企业。

企业申请房产税或城镇土地使用税年减免税额不足100万元的由县级地方税务局审批；年减免税额在100万元以上（含本数）的由设区市地方税务局审批；扩权县（市）地方税务局的审批权限比照设区市地方税务局的审批权限执行，但需报设区市地方税务局备案。

**【办理时限】**

各级地税机关于每年7月受理房产税和城镇土地使用税减免事项，减免税款所属期间为上一年度。其他年度减免税申请未经省地方税务局核实确认不予受理。

**【报送资料】**

纳税人办理减免税事项应向主管地税机关提交下列资料：

（1）书面申请，内容包括：

①纳税人基本情况。包括企业成立时间、经济类型、经营范围、现有职工人数、企业上年及累计盈利情况、企业所得税汇缴总表、是否欠缴职工工资或社会保险费等情况。

②企业申请减免情况。包括房产原值或占地面积、计税余值或应税土地面积以及应纳房产税或城镇土地使用税税额、申请减免税额等。

③近三年享受房产税或城镇土地使用税减免税优惠情况。

④减免税理由和依据。

（2）《税收优惠申请审批（备案）表》。

（3）因严重自然灾害或其他不可抗力因素导致重大损失的，应提供相关部门出具的证明文件。

申请人按照本条规定提交减免税资料的，应当交验原件，同时提交加盖减免税申请人有效印章的复印件。

**【政策依据】**

《河北省房产税　城镇土地使用税审批类减免税管理办法》（2014年3号）

# 第七章　土地使用税

## 一、土地使用税的征税范围是如何规定的

城市的征税范围为市区和郊区。

县城的征税范围为县人民政府所在的城镇。

建制镇的征税范围为镇人民政府所在地。

工矿区是指工商业比较发达，人口比较集中，符合国务院规定的建制镇标准，但尚未设立镇建制的大中型工矿企业所在地。

城市、县城、建制镇、工矿区的具体征税范围，由各省、自治区、直辖市人民政府划定。

**【政策依据】**

《关于土地使用税若干具体问题的解释和暂行规定》（国税地字〔1988〕第015号）

## 二、土地使用税的纳税义务人如何规定的

1. 在城市、县城、建制镇、工矿区范围内使用土地的单位和个人，为城镇土地使用税（以下简称土地使用税）的纳税人，应当依照本条例的规定缴纳土地使用税。

2. 在本省所辖的城市、县城、建制镇和工矿区范围内使用土地的单位和个人，为城镇土地使用税（以下简称土地使用税）的纳税人，应当依照本办法的规定缴纳土地使用税。

第十条　土地权属争议未解决的，土地使用税暂由土地的实际使用人或者占有人申报缴纳。

3. 土地使用税由拥有土地使用权的单位或个人缴纳。拥有土地使用权的纳税人不在土地所在地的，由代管人或实际使用人纳税；土地使用权未确定或权属纠纷未解决的，由实际使用人纳税。

【政策依据】

《中华人民共和国城镇土地使用税暂行条例》(2006 版)

2013 年 11 月 2 日《河北省人民政府关于修改〈河北省城镇土地使用税实施办法〉的决定》第二条

《关于土地使用税若干具体问题的解释和暂行规定》(国税地字〔1988〕第 015 号)

## 三、土地使用税的纳税义务发生时间是怎么规定的

1. 购置新建商品房,自房屋交付使用之次月起计征房产税和城镇土地使用税。

购置存量房,自办理房屋权属转移、变更登记手续,房地产权属登记机关签发房屋权属证书之次月起计征房产税和城镇土地使用税。

出租、出借房产,自交付出租、出借房产之次月起计征房产税和城镇土地使用税。

2. 征用的耕地,自批准征用之日起满 1 年时开始缴纳土地使用税;征用的非耕地,自批准征用次月起缴纳土地使用税。

3. 以出让或转让方式有偿取得土地使用权的,应由受让方从合同约定交付土地时间的次月起缴纳城镇土地使用税;合同未约定交付土地时间的,由受让方从合同签订的次月起缴纳城镇土地使用税。

4. 纳税人因土地的权利发生变化而依法终止城镇土地使用税纳税义务的,其应纳税款的计算应截至土地权利发生变化的当月末。

【政策依据】

《关于房产税、城镇土地使用税有关政策规定的通知》(国税发〔2003〕89 号)

《中华人民共和国城镇土地使用税暂行条例》(2006 版)

《关于房产税、城镇土地使用税有关政策的通知》(财税〔2006〕186 号)

《关于房产税城镇土地使用税有关问题的通知》(财税〔2008〕152 号)

## 四、如何确定土地使用的实际占用面积

纳税人实际占用的土地面积,是指由省、自治区、直辖市人民政府确定的单位组织测定的土地面积。尚未组织测量,但纳税人持有政府部门核发的土地使用证书的,以证书确认的土地面积为准;尚未核发土地使用证书的,应由纳税人据

实申报土地面积。

**【政策依据】**

《关于土地使用税若干具体问题的解释和暂行规定》（国税地字〔1988〕第015号）

## 五、企业范围内荒山林地湖泊如何纳税

自2014年1月1日至2015年12月31日，按应纳税额减半征收城镇土地使用税；自2016年1月1日起，全额征收城镇土地使用税。

**【政策依据】**

《关于企业范围内荒山、林地、湖泊等占地城镇土地使用税有关政策的通知》（财税〔2014〕1号）

## 六、煤炭企业未利用塌陷地是否征收土地使用税

对位于城镇土地使用税征收范围内的煤炭企业已取得土地使用权，但未利用的塌陷地，自2006年9月1日起恢复征收城镇土地使用税。

**【政策依据】**

《关于煤炭企业未利用塌陷地城镇土地使用税政策的通知》（财税〔2006〕74号）

## 七、土地使用税有哪些税收优惠

1. 教育行业城镇土地使用税优惠。

**【事项描述】**

国家拨付事业经费和企业办的各类学校、托儿所、幼儿园，其自用土地符合免征城镇土地使用税优惠条件的，按规定提交相关资料进行备案。

**【办理时限】**

（1）纳税人办理时限。

纳税人在首次享受减免税的申报阶段，或在税务机关要求的申报征期后的其他规定期限内办理。

（2）税务机关办理时限。

报送资料齐全、符合法定形式、填写内容完整，受理后即时办结。

【报送资料】

| 序号 | 资料名称 | 原件/复印件 | 份数 | 备注 |
|---|---|---|---|---|
| 1 | 纳税人减免税申请核准表 | 原件 | 2 | |
| 2 | 土地权属证书或其他证明纳税人使用土地的文件 | 原件及复印件 | 1 | 原件核对后退还 |
| 3 | 教育部门出具的教育行业证明 | 原件及复印件 | 1 | 原件核对后退还 |

【政策依据】

《国务院关于修改〈中华人民共和国城镇土地使用税暂行条例〉的决定》（中华人民共和国国务院令〔2006〕第483号）

《财政部　国家税务总局关于教育税收政策的通知》（财税〔2004〕39号）

【温馨提示】

（1）纳税人在符合减免税条件期间，备案材料一次性报备，在政策存续期可一直享受。

（2）纳税人享受减免税的情形发生变化时，应当及时向税务机关报告。

（3）纳税人享受备案类减免税的，对符合政策规定条件的材料有留存备查的义务。

2. 医疗卫生机构城镇土地使用税优惠。

【事项描述】

非营利性医疗机构自用的土地免征城镇土地使用税。对营利性医疗机构自取得执业登记之日起，3年内自用土地免征城镇土地使用税。

符合上述免征城镇土地使用税优惠条件的，纳税人按规定提交相关资料进行备案。

【办理时限】

（1）纳税人办理时限。

纳税人在首次享受减免税的申报阶段，或在税务机关要求的申报征期后的其他规定期限内办理。

（2）税务机关办理时限。

报送资料齐全、符合法定形式、填写内容完整，受理后即时办结。

【报送资料】

| 序号 | 资料名称 | 原件/复印件 | 份数 | 备注 |
|---|---|---|---|---|
| 1 | 纳税人减免税申请核准表 | 原件 | 2 | |
| 2 | 土地权属证书或其他证明纳税人使用土地的文件 | 原件及复印件 | 1 | 原件核对后退还 |
| 3 | 医疗执业注册登记证 | 原件及复印件 | 1 | 原件核对后退还 |

【政策依据】

《国务院关于修改〈中华人民共和国城镇土地使用税暂行条例〉的决定》（中华人民共和国国务院令〔2006〕第483号）

《财政部　国家税务总局关于医疗卫生机构有关税收政策的通知》（财税〔2000〕42号）

【温馨提示】

（1）纳税人在符合减免税条件期间，备案材料一次性报备，在政策存续期可一直享受。

（2）纳税人享受减免税的情形发生变化时，应当及时向税务机关报告。

（3）纳税人享受备案类减免税的，对符合政策规定条件的材料有留存备查的义务。

3. 大宗商品仓储设施用地城镇土地使用税优惠。

【事项描述】

自2017年1月1日起至2019年12月31日止，对物流企业自有的（包括自用和出租）大宗商品仓储设施用地，减按所属土地等级适用税额标准的50%计征城镇土地使用税。

对符合上述免征城镇土地使用税优惠条件的纳税人，按规定提交相关资料进行备案。

【办理时限】

（1）纳税人办理时限。

纳税人在首次享受减免税的申报阶段，或在税务机关要求的申报征期后的其他规定期限内办理。

（2）税务机关办理时限。

报送资料齐全、符合法定形式、填写内容完整，受理后即时办结。

【报送资料】

| 序号 | 资料名称 | 原件/复印件 | 份数 | 备注 |
|---|---|---|---|---|
| 1 | 纳税人减免税申请核准表 | 原件 | 2 | |
| 2 | 土地权属证书或其他证明纳税人使用土地的文件 | 原件及复印件 | 1 | 原件核对后退还 |
| 3 | 单位性质证明材料 | 原件及复印件 | 1 | 原件核对后退还 |

【政策依据】

《国务院关于修改〈中华人民共和国城镇土地使用税暂行条例〉的决定》（中华人民共和国国务院令〔2006〕第483号）

《关于继续实施物流企业大宗商品仓储设施用地城镇土地使用税优惠政策的通知》（财税〔2017〕33号）

【温馨提示】

（1）纳税人在符合减免税条件期间，备案材料一次性报备，在政策存续期可一直享受。

（2）纳税人享受减免税的情形发生变化时，应当及时向税务机关报告。

（3）纳税人享受备案类减免税的，对符合政策规定条件的材料有留存备查的义务。

4. 矿山企业城镇土地使用税优惠。

【事项描述】

矿山的采矿场、排土场、尾矿库、炸药库的安全区、采区运矿及运岩公路、尾矿输送管道及回水系统用地，免征土地使用税。对矿山企业采掘地下矿造成的塌陷地以及荒山占地，在未利用之前，暂免征收土地使用税（注意煤炭企业不免）。

对符合上述免征城镇土地使用税优惠条件的，纳税人按规定提交相关资料进行备案。

【办理时限】

（1）纳税人办理时限。

纳税人在首次享受减免税的申报阶段，或在税务机关要求的申报征期后的其他规定期限内办理。

（2）税务机关办理时限。

报送资料齐全、符合法定形式、填写内容完整，受理后即时办结。

【报送资料】

| 序号 | 资料名称 | 原件/复印件 | 份数 | 备注 |
|---|---|---|---|---|
| 1 | 纳税人减免税申请核准表 | 原件 | 2 | |
| 2 | 土地权属证书或其他证明纳税人使用土地的文件 | 原件及复印件 | 1 | 原件核对后退还 |
| 3 | 单位性质证明材料 | 原件及复印件 | 1 | 原件核对后退还 |

【政策依据】

《国务院关于修改〈中华人民共和国城镇土地使用税暂行条例〉的决定》（中华人民共和国国务院令〔2006〕第483号）

《国家税务局关于对矿山企业征免土地使用税问题的通知》（国税地字〔1989〕122号）

【温馨提示】

（1）纳税人在符合减免税条件期间，备案材料一次性报备，在政策存续期可一直享受。

（2）纳税人享受减免税的情形发生变化时，应当及时向税务机关报告。

（3）纳税人享受备案类减免税的，对符合政策规定条件的材料有留存备查的义务。

5. 煤炭企业用地城镇土地使用税优惠。

【事项描述】

煤炭企业的矸石山、排土场用地，防排水沟用地，矿区办公、生活区以外的公路、铁路专用线及轻便道和输变电线路用地，火炸药库库房外安全区用地，向社会开放的公园及公共绿化带用地，符合暂免征收城镇土地使用税优惠条件的，纳税人按规定提交相关资料进行备案。

【办理时限】

（1）纳税人办理时限。

纳税人在首次享受减免税的申报阶段，或在税务机关要求的申报征期后的其他规定期限内办理。

（2）税务机关办理时限。

报送资料齐全、符合法定形式、填写内容完整，受理后即时办结。

【报送资料】

| 序号 | 资料名称 | 原件/复印件 | 份数 | 备注 |
| --- | --- | --- | --- | --- |
| 1 | 纳税人减免税申请核准表 | 原件 | 2 | |
| 2 | 土地权属证书或其他证明纳税人使用土地的文件 | 原件及复印件 | 1 | 原件核对后退还 |
| 3 | 单位性质证明材料 | 原件及复印件 | 1 | 原件核对后退还 |

【政策依据】

《国务院关于修改〈中华人民共和国城镇土地使用税暂行条例〉的决定》（中华人民共和国国务院令〔2006〕第483号）

《国家税务局关于对煤炭企业用地征免土地使用税问题的规定》（国税地字〔1989〕89号）

【温馨提示】

（1）纳税人在符合减免税条件期间，备案材料一次性报备，在政策存续期可一直享受。

（2）纳税人享受减免税的情形发生变化时，应当及时向税务机关报告。

（3）纳税人享受备案类减免税的，对符合政策规定条件的材料有留存备查的义务。

6. 电力行业用地城镇土地使用税优惠。

【事项描述】

对火电厂厂区围墙外的灰场、输灰管、输油（气）管道、铁路专用线用地，免征土地使用税；对水电站除发电厂房用地（包括坝内、坝外式厂房）和生产、办公、生活用地以外的其他用地给予免税照顾；对供电部门的输电线路用地、变电站用地，免征土地使用税。

对符合上述免征城镇土地使用税优惠条件的，纳税人按规定提交相关资料进行备案。

【办理时限】

（1）纳税人办理时限。

纳税人在首次享受减免税的申报阶段，或在税务机关要求的申报征期后的其他规定期限内办理。

（2）税务机关办理时限。

报送资料齐全、符合法定形式、填写内容完整，受理后即时办结。

【报送资料】

| 序号 | 资料名称 | 原件/复印件 | 份数 | 备注 |
| --- | --- | --- | --- | --- |
| 1 | 纳税人减免税申请核准表 | 原件 | 2 | |
| 2 | 土地权属证书或其他证明纳税人使用土地的文件 | 原件及复印件 | 1 | 原件核对后退还 |
| 3 | 电力行业用地证明材料 | 原件及复印件 | 1 | 原件核对后退还 |

【政策依据】

《国务院关于修改〈中华人民共和国城镇土地使用税暂行条例〉的决定》（中华人民共和国国务院令〔2006〕第483号）

《国家税务局关于电力行业征免土地使用税问题的规定》（国税地字〔1989〕13号）

【温馨提示】

（1）纳税人在符合减免税条件期间，备案材料一次性报备，在政策存续期可一直享受。

（2）纳税人享受减免税的情形发生变化时，应当及时向税务机关报告。

（3）纳税人享受备案类减免税的，对符合政策规定条件的材料有留存备查的义务。

7.《关于供热企业增值税、房产税、城镇土地使用税优惠政策的通知》（财税〔2016〕94号）。

自2016年1月1日至2018年12月31日，对向居民供热而收取采暖费的供热企业，为居民供热所使用的厂房及土地免征房产税、镇土地使用税；对供热企业其他厂房及土地，应当按规定征收房产税、城镇土地使用税。

8. 经批准开山填海整治的土地和改造的废弃土地城镇土地使用税优惠。

【事项描述】

对经批准开山填海整治的土地和改造的废弃土地，从使用的月份起免缴土地使用税5年至10年。对符合免征城镇土地使用税优惠条件的，纳税人按规定提交相关资料进行备案。

【办理时限】

（1）纳税人办理时限。

纳税人在首次享受减免税的申报阶段，或在税务机关要求的申报征期后的其他规定期限内办理。

(2) 税务机关办理时限。

报送资料齐全、符合法定形式、填写内容完整，受理后即时办结。

【报送资料】

| 序号 | 资料名称 | 原件/复印件 | 份数 | 备注 |
|---|---|---|---|---|
| 1 | 纳税人减免税申请核准表 | 原件 | 2 | |
| 2 | 土地权属证书或其他证明纳税人使用土地的文件 | 原件及复印件 | 1 | 原件核对后退还 |
| 3 | 开山填海整治或废弃土地改造前的图纸、图片及其他能够证明目标土地整治或改造前状态的证明材料 | 原件及复印件 | 1 | 原件核对后退还 |
| 4 | 国土资源部门批准占用滩涂、泽塘、山地等废弃土地的批复文件 | 原件及复印件 | 1 | 原件核对后退还 |

【政策依据】

《国务院关于修改〈中华人民共和国城镇土地使用税暂行条例〉的决定》(中华人民共和国国务院令〔2006〕第483号)

【温馨提示】

(1) 纳税人在符合减免税条件期间，备案材料一次性报备，在政策存续期可一直享受。

(2) 纳税人享受减免税的情形发生变化时，应当及时向税务机关报告。

(3) 纳税人享受备案类减免税的，对符合政策规定条件的材料有留存备查的义务。

9. 安置残疾人员就业城镇土地使用税优惠。

【事项描述】

在一个纳税年度内月平均实际安置残疾人就业人数占单位在职职工总数的比例高于25%（含25%）且实际安置残疾人人数高于10人（含10人）的单位，符合减征或免征城镇土地使用税优惠条件的，按规定提交相关资料进行备案。

【办理时限】

(1) 纳税人办理时限。

纳税人在首次享受减免税的申报阶段，或在税务机关要求的申报征期后的其他规定期限内办理。

(2) 税务机关办理时限。

报送资料齐全、符合法定形式、填写内容完整，受理后即时办结。

【报送资料】

| 序号 | 资料名称 | 原件/复印件 | 份数 | 备注 |
|---|---|---|---|---|
| 1 | 纳税人减免税申请核准表 | 原件 | 2 | |
| 2 | 土地权属证书或其他证明纳税人使用土地的文件 | 原件及复印件 | 1 | 原件核对后退还 |
| 3 | 安置的残疾职工名单（各月）及相应的中华人民共和国残疾人证或中华人民共和国残疾军人证（1至8级） | 原件及复印件 | 1 | 原件核对后退还 |
| 4 | 劳动合同或服务协议，工资发放及社会保险费缴纳清单（应注明全体职工的个人明细情况） | 原件及复印件 | 1 | 原件核对后退还 |
| 5 | 职工名单，安置残疾人名单及岗位安排，符合安置比例及相关条件的用工情况说明 | 原件及复印件 | 1 | 原件核对后退还 |

【政策依据】

《国务院关于修改〈中华人民共和国城镇土地使用税暂行条例〉的决定》（中华人民共和国国务院令〔2006〕第483号）

《财政部　国家税务总局关于安置残疾人就业单位城镇土地使用税等政策的通知》（财税〔2010〕121号）

【温馨提示】

（1）纳税人在符合减免税条件期间，备案材料一次性报备，在政策存续期可一直享受。

（2）纳税人享受减免税的情形发生变化时，应当及时向税务机关报告。

（3）纳税人享受备案类减免税的，对符合政策规定条件的材料有留存备查的义务。

10. 已售房改房用地城镇土地使用税优惠。

【事项描述】

应税单位按照国家住房制度改革有关规定，将住房出售给职工并按规定进行核销账务处理后，住房用地在未办理土地使用权过户期间的城镇土地使用税征免，比照各省、自治区、直辖市对个人所有住房用地的现行政策执行。

对符合免征城镇土地使用税优惠条件的纳税人，按规定提交相关资料进行备案。

【办理时限】

（1）纳税人办理时限。

纳税人在首次享受减免税的申报阶段，或在税务机关要求的申报征期后的其他规定期限内办理。

（2）税务机关办理时限。

报送资料齐全、符合法定形式、填写内容完整，受理后即时办结。

【报送资料】

| 序号 | 资料名称 | 原件/复印件 | 份数 | 备注 |
|---|---|---|---|---|
| 1 | 纳税人减免税申请核准表 | 原件 | 2 | |
| 2 | 土地权属证书或其他证明纳税人使用土地的文件 | 原件及复印件 | 1 | 原件核对后退还 |
| 3 | 房改房销售合同（协议） | 原件及复印件 | 1 | 原件核对后退还 |

【政策依据】

《国务院关于修改〈中华人民共和国城镇土地使用税暂行条例〉的决定》（中华人民共和国国务院令2006年第483号）

《财政部　国家税务总局关于房改房用地未办理土地使用权过户期间城镇土地使用税政策的通知》（财税〔2013〕44号）

《关于房改后房产税城镇土地使用税征免问题批复》（国税函〔2001〕659号）：对应税单位依据国家住房制度改革的有关规定，将职工住宅全部产权出售给本单位职工，并按规定核销固定资产账务，可免征房产税。对应税单位将职工住宅办理了土地使用权过户手续，可免征城镇土地使用税，对未办理土地使用权过户手续的应按规定征收城镇土地使用税。

【温馨提示】

（1）纳税人在符合减免税条件期间，备案材料一次性报备，在政策存续期可一直享受。

（2）纳税人享受减免税的情形发生变化时，应当及时向税务机关报告。

（3）纳税人享受备案类减免税的，对符合政策规定条件的材料有留存备查的义务。

11. 企业铁路、公路用地城镇土地使用税优惠。

【事项描述】

在厂区以外、与社会公用地段未加隔离的企业铁路专用线、公路等用地，符合暂免征收城镇土地使用税优惠条件的，纳税人按规定提交相关资料进行备案。

**【办理时限】**

（1）纳税人办理时限。

纳税人在首次享受减免税的申报阶段，或在税务机关要求的申报征期后的其他规定期限内办理。

（2）税务机关办理时限。

报送资料齐全、符合法定形式、填写内容完整，受理后即时办结。

**【报送资料】**

| 序号 | 资料名称 | 原件/复印件 | 份数 | 备注 |
|---|---|---|---|---|
| 1 | 纳税人减免税申请核准表 | 原件 | 2 | |
| 2 | 土地权属证书或其他证明纳税人使用土地的文件 | 原件及复印件 | 1 | 原件核对后退还 |
| 3 | 企业铁路专用线、公路用地证明材料 | 原件及复印件 | 1 | 原件核对后退还 |

**【政策依据】**

《国务院关于修改〈中华人民共和国城镇土地使用税暂行条例〉的决定》（中华人民共和国国务院令〔2006〕第483号）

《国家税务局关于印发〈关于土地使用税若干具体问题的补充规定〉的通知》（国税地字〔1989〕140号）

**【温馨提示】**

（1）纳税人在符合减免税条件期间，备案材料一次性报备，在政策存续期可一直享受。

（2）纳税人享受减免税的情形发生变化时，应当及时向税务机关报告。

（3）纳税人享受备案类减免税的，对符合政策规定条件的材料有留存备查的义务。

12. 企业绿化用地城镇土地使用税优惠。

**【事项描述】**

企业厂区以外的公共绿化用地和向社会开放的公园用地，符合暂免征收城镇土地使用税优惠条件的，纳税人按规定提交相关资料进行备案。

**【办理时限】**

（1）纳税人办理时限。

纳税人在首次享受减免税的申报阶段，或在税务机关要求的申报征期后的其他规定期限内办理。

（2）税务机关办理时限。

报送资料齐全、符合法定形式、填写内容完整，受理后即时办结。

【报送资料】

| 序号 | 资料名称 | 原件/复印件 | 份数 | 备注 |
|---|---|---|---|---|
| 1 | 纳税人减免税申请核准表 | 原件 | 2 | |
| 2 | 土地权属证书或其他证明纳税人使用土地的文件 | 原件及复印件 | 1 | 原件核对后退还 |
| 3 | 企业公共绿化用地证明材料 | 原件及复印件 | 1 | 原件核对后退还 |

【政策依据】

《国务院关于修改〈中华人民共和国城镇土地使用税暂行条例〉的决定》（中华人民共和国国务院令〔2006〕第483号）

《国家税务局关于印发〈关于土地使用税若干具体问题的补充规定〉的通知》（国税地字〔1989〕140号）

【温馨提示】

（1）纳税人在符合减免税条件期间，备案材料一次性报备，在政策存续期可一直享受。

（2）纳税人享受减免税的情形发生变化时，应当及时向税务机关报告。

（3）纳税人享受备案类减免税的，对符合政策规定条件的材料有留存备查的义务。

13. 棚户区改造安置住房建设用地城镇土地使用税优惠。

【事项描述】

对改造安置住房建设用地免征城镇土地使用税。在商品住房等开发项目中配套建造安置住房的，依据政府部门出具的相关材料、房屋征收（拆迁）补偿协议或棚户区改造合同（协议），按改造安置住房建筑面积占总建筑面积的比例免征城镇土地使用税。

符合上述免征城镇土地使用税优惠条件的，纳税人按规定提交相关资料进行备案。

【办理时限】

（1）纳税人办理时限。

纳税人在首次享受减免税的申报阶段，或在税务机关要求的申报征期后的其他规定期限内办理。

（2）税务机关办理时限。

报送资料齐全、符合法定形式、填写内容完整，受理后即时办结。

**【报送资料】**

| 序号 | 资料名称 | 原件/复印件 | 份数 | 备注 |
|---|---|---|---|---|
| 1 | 纳税人减免税申请核准表 | 原件 | 2 | |
| 2 | 土地权属证书或其他证明纳税人使用土地的文件 | 原件及复印件 | 1 | 原件核对后退还 |
| 3 | 政府部门出具的棚户区改造安置住房建设用地证明材料 | 原件 | 1 | |
| 4 | 房屋征收（拆迁）补偿协议或棚户区改造合同（协议） | 原件及复印件 | 1 | 原件核对后退还 |

**【政策依据】**

《国务院关于修改〈中华人民共和国城镇土地使用税暂行条例〉的决定》（中华人民共和国国务院令〔2006〕第483号）

《财政部　国家税务总局关于棚户区改造有关税收政策的通知》（财税〔2013〕101号）

**【温馨提示】**

（1）纳税人在符合减免税条件期间，备案材料一次性报备，在政策存续期可一直享受。

（2）纳税人享受减免税的情形发生变化时，应当及时向税务机关报告。

（3）纳税人享受备案类减免税的，对符合政策规定条件的材料有留存备查的义务。

14. 地下建筑用地城镇土地使用税优惠。

**【事项描述】**

在城镇土地使用税征税范围内单独建造的地下建筑用地，暂按应征税款的50%征收城镇土地使用税。

对符合上述减征城镇土地使用税优惠条件的，纳税人按规定提交相关资料进行备案。

**【办理时限】**

（1）纳税人办理时限。

纳税人在首次享受减免税的申报阶段，或在税务机关要求的申报征期后的其他规定期限内办理。

（2）税务机关办理时限。

报送资料齐全、符合法定形式、填写内容完整，受理后即时办结。

【报送资料】

| 序号 | 资料名称 | 原件/复印件 | 份数 | 备注 |
|---|---|---|---|---|
| 1 | 纳税人减免税申请核准表 | 原件 | 2 | |
| 2 | 土地权属证书或其他证明纳税人使用土地的文件 | 原件及复印件 | 1 | 原件核对后退还 |
| 3 | 地下建筑用地相关证明材料 | 原件及复印件 | 1 | 原件核对后退还 |

【政策依据】

《国务院关于修改〈中华人民共和国城镇土地使用税暂行条例〉的决定》（中华人民共和国国务院令〔2006〕第483号）

《财政部　国家税务总局关于房产税城镇土地使用税有关问题的通知》（财税〔2009〕128号）

对在城镇土地使用税征税范围内单独建造的地下建筑用地，按规定征收城镇土地使用税。其中，已取得地下土地使用权证的，按土地使用权证确认的土地面积计算应征税款；未取得地下土地使用权证或地下土地使用权证上未标明土地面积的，按地下建筑垂直投影面积计算应征税款。

对上述地下建筑用地暂按应征税款的50%征收城镇土地使用税。

【温馨提示】

（1）纳税人在符合减免税条件期间，备案材料一次性报备，在政策存续期可一直享受。

（2）纳税人享受减免税的情形发生变化时，应当及时向税务机关报告。

（3）纳税人享受备案类减免税的，对符合政策规定条件的材料有留存备查的义务。

15. 纳税有困难的企业城镇土地使用税优惠。

详见房产税优惠。

16. 国税地字〔1989〕140号《关于土地使用税若干具体问题的补充规定》的通知。

企业搬迁后，其原有场地和新场地都使用的，均应照章征收土地使用税；原有场地不使用的，经各省、自治区、直辖市税务局审批，可暂免征收土地使用税。

# 第八章　耕地占用税

## 一、耕地占用税的纳税义务人与征税范围是什么

凡在中华人民共和国境内占用应税土地建房或者从事非农业建设的单位和个人为耕地占用税的纳税人。

属于耕地占用税征税范围的土地（以下简称应税土地）包括：

（1）耕地。指用于种植农作物的土地。

（2）园地。指果园、茶园、其他园地。

（3）林地、牧草地、农田水利用地、养殖水面以及渔业水域滩涂等其他农用地。

林地，包括有林地、灌木林地、疏林地、未成林地、迹地、苗圃等，不包括居民点内部的绿化林木用地，铁路、公路征地范围内的林木用地，以及河流、沟渠的护堤林用地。

牧草地，包括天然牧草地、人工牧草地。

农田水利用地，包括农田排灌沟渠及相应附属设施用地。

养殖水面，包括人工开挖或者天然形成的用于水产养殖的河流水面、湖泊水面、水库水面、坑塘水面及相应附属设施用地。

渔业水域滩涂，包括专门用于种植或者养殖水生动植物的海水潮浸地带和滩地。

（4）草地、苇田。

草地，是指用于农业生产并已由相关行政主管部门发放使用权证的草地。

苇田，是指用于种植芦苇并定期进行人工养护管理的苇田。

**【政策依据】**

国家税务总局2016年第2号发布《耕地占用税管理规程（试行）》的公告

## 二、纳税义务发生时间如何规定

经批准占用耕地的，耕地占用税纳税义务发生时间为纳税人收到土地管理部

门办理占用农用地手续通知的当天。

未经批准占用耕地的，耕地占用税纳税义务发生时间为实际占用耕地的当天。

**【政策依据】**

《中华人民共和国耕地占用税暂行条例实施细则》（中华人民共和国财政部 国家税务总局令〔2008〕第 49 号）

## 三、纳税人临时占用耕地如何缴纳耕地占用税

纳税人临时占用耕地，应当依照规定缴纳耕地占用税。纳税人在批准临时占用耕地的期限内恢复所占用耕地原状的，全额退还已经缴纳的耕地占用税。

**【政策依据】**

《中华人民共和国耕地占用税暂行条例》（中华人民共和国国务院令〔2007〕第 511 号）

## 四、企业购买集体土地上的厂房，是否缴纳耕地占用税

如果该厂房占地原来是耕地，有土地部门批准当时已经缴纳了耕地占用税的，不需要另外缴纳；依据财税〔2009〕19 号对于未经批准占用耕地但已经完纳耕地占用税税款的，在补办占地手续时，不再征收耕地占用税，未缴纳的需要补缴耕地占用税。

## 五、耕地占用税有哪些税收优惠

**【事项描述】**

学校、幼儿园、养老院、医院占用耕地符合免征耕地占用税优惠条件的，纳税人按规定提交相关资料进行备案。

**【办理时限】**

（1）纳税人办理时限。

符合耕地占用税减免条件的纳税人应在收到土地管理部门办理占用农用地手续通知之日起 30 内，向主管地税机关办理减免税备案。

（2）税务机关办理时限。

报送资料齐全、符合法定形式、填写内容完整，受理后即时办结。

【报送资料】

| 序号 | 资料名称 | 原件/复印件 | 份数 | 备注 |
|---|---|---|---|---|
| 1 | 纳税人减免税申请核准表 | 原件 | 2 | |
| 2 | 学校、幼儿园、养老院、医院占用耕地的证明材料 | 原件及复印件 | 1 | 原件核对后退还 |

【政策依据】

《中华人民共和国耕地占用税暂行条例》（中华人民共和国国务院令〔2007〕第511号）

《中华人民共和国耕地占用税暂行条例实施细则》（中华人民共和国财政部 国家税务总局令〔2008〕第49号）

【温馨提示】

（1）纳税人在符合减免税条件期间，备案材料一次性报备，在政策存续期可一直享受。

（2）纳税人享受减免税的情形发生变化时，应当及时向税务机关报告。

（3）纳税人享受备案类减免税的，对符合政策规定条件的材料有留存备查的义务。

# 第九章　契　　税

## 一、契税的纳税义务人及计税依据是什么

1. 纳税义务人。

在中华人民共和国境内转移土地、房屋权属，承受的单位和个人为契税的纳税人，应当依照条例的规定缴纳契税。

2. 计税依据。

（1）国有土地使用权出让、土地使用权出售、房屋买卖，为成交价格；

土地使用权赠与、房屋赠与，由征收机关参照土地使用权出售、房屋买卖的市场价格核定；

土地使用权交换、房屋交换，为所交换的土地使用权、房屋的价格的差额。

（2）出让国有土地使用权的，其契税计税价格为承受人为取得该土地使用权而支付的全部经济利益。

以协议方式出让的，其契税计税价格为成交价格。成交价格包括土地出让金、土地补偿费、安置补助费、地上附着物和青苗补偿费、拆迁补偿费、市政建设配套费等承受者应支付的货币、实物、无形资产及其他经济利益。

（3）以划拨方式取得土地使用权，经批准转让房地产时，由房地产转让者补交契税，计税依据为补交的土地使用权出让费用或者土地收益。

（4）采取分期付款方式购买房屋附属设施土地使用权、房屋所有权的，按照合同规定的总价款计算征收契税。

承受的房屋附属设施权属如果是单独计价的，按照当地适用的税率征收，如果与房屋统一计价的，适用与房屋相同的税率。

**【政策依据】**

《关于国有土地使用权出让等有关契税问题的通知》（财税〔2004〕134号）

《中华人民共和国契税暂行条例细则》（财法字〔1997〕52号）

《关于房屋附属设施有关契税政策的批复》（财税〔2004〕126号）

## 二、纳税义务发生时间如何规定

契税的纳税义务发生时间，为纳税人签订土地、房屋权属转移合同的当天，或者纳税人取得其他具有土地、房屋权属转移合同性质凭证的当天。

## 三、对拆迁居民因拆迁重新购置住房的如何缴纳契税

对拆迁居民因拆迁重新购置住房的，对购房成交价格中相当于拆迁补偿款的部分免征契税，成交价格超过拆迁补偿款的，对超过部分征收契税。

**【政策依据】**

《关于城镇房屋拆迁有关税收政策的通知》（财税〔2005〕45号）

## 四、承受集体土地、房产，是否缴纳契税

土地使用权转让不包括农村集体土地承包经营权的转移。

根据上述规定，除农村集体土地承包经营权的转移外，农村集体所有的土地权属转让和农村房屋权属转移，应按规定缴纳契税。

## 五、契税的税收优惠有哪些

1. 纳税人承受荒山、荒沟、荒丘、荒滩土地使用权，用于农、林、牧、渔业生产的契税优惠。

**【事项描述】**

纳税人承受荒山、荒沟、荒丘、荒滩土地使用权，用于农、林、牧、渔业生产，符合免征契税优惠条件的，按规定提交相关资料进行备案。

**【办理时限】**

（1）纳税人办理时限。

纳税人在首次享受减免税的申报阶段，或在税务机关要求的申报征期后的其他规定期限内办理。

（2）税务机关办理时限。

报送资料齐全、符合法定形式、填写内容完整，受理后即时办结。

**【报送资料】**

| 序号 | 资料名称 | 原件/复印件 | 份数 | 备注 |
|---|---|---|---|---|
| 1 | 契税纳税申报表 | 原件 | 2 | |

续表

| 序号 | 资料名称 | 原件/复印件 | 份数 | 备注 |
| --- | --- | --- | --- | --- |
| 2 | 土地权属转移合同或土地权属变更、过户文书 | 原件及复印件 | 1 | 原件核对后退还 |
| 3 | 政府主管部门出具的土地用途证明、承受土地性质证明 | 原件及复印件 | 1 | 原件核对后退还 |
| 4 | 单位或个人身份证明 | 原件及复印件 | 1 | 原件核对后退还 |

**【政策依据】**

《中华人民共和国契税暂行条例》（中华人民共和国国务院令〔1997〕第224号）

《中华人民共和国契税暂行条例细则》（财法字〔1997〕52号）

**【温馨提示】**

（1）纳税人在符合减免税条件期间，备案材料一次性报备，在政策存续期可一直享受。

（2）纳税人享受减免税的情形发生变化时，应当及时向税务机关报告。

（3）纳税人享受备案类减免税的，对符合政策规定条件的材料有留存备查的义务。

2. 土地、房屋被政府征用后，重新承受土地、房屋权属的契税优惠。

**【事项描述】**

纳税人土地、房屋被县级以上人民政府征用、占用后，重新承受土地、房屋权属的，由省、自治区、直辖市人民政府确定，符合减征、免征契税优惠条件的，按规定提交相关资料进行备案。

**【办理时限】**

（1）纳税人办理时限。

纳税人在首次享受减免税的申报阶段，或在税务机关要求的申报征期后的其他规定期限内办理。

（2）税务机关办理时限。

报送资料齐全、符合法定形式、填写内容完整，受理后即时办结。

**【报送资料】**

| 序号 | 资料名称 | 原件/复印件 | 份数 | 备注 |
| --- | --- | --- | --- | --- |
| 1 | 契税纳税申报表 | 原件 | 2 | |
| 2 | 土地、房屋被政府征用、占用的文书 | 原件及复印件 | 1 | 原件核对后退还 |

续表

| 序号 | 资料名称 | 原件/复印件 | 份数 | 备注 |
|---|---|---|---|---|
| 3 | 纳税人承受被征用或占用的土地、房屋权属证明 | 原件及复印件 | 1 | 原件核对后退还 |
| 4 | 单位或个人身份证明 | 原件及复印件 | 1 | 原件核对后退还 |

【政策依据】

《中华人民共和国契税暂行条例》(中华人民共和国国务院令〔1997〕第224号)

《中华人民共和国契税暂行条例细则》(财法字〔1997〕52号)

【温馨提示】

(1)纳税人在符合减免税条件期间,备案材料一次性报备,在政策存续期可一直享受。

(2)纳税人享受减免税的情形发生变化时,应当及时向税务机关报告。

(3)纳税人享受备案类减免税的,对符合政策规定条件的材料有留存备查的义务。

3. 对棚户区改造经营管理单位回购已分配的改造安置住房继续作为改造安置房源的契税优惠。

【事项描述】

经营管理单位回购已分配的改造安置住房继续作为改造安置房源,符合免征契税优惠条件的,按规定提交相关资料进行备案。

【办理时限】

(1)纳税人办理时限。

纳税人在首次享受减免税的申报阶段,或在税务机关要求的申报征期后的其他规定期限内办理。

(2)税务机关办理时限。

报送资料齐全、符合法定形式、填写内容完整,受理后即时办结。

【报送资料】

| 序号 | 资料名称 | 原件/复印件 | 份数 | 备注 |
|---|---|---|---|---|
| 1 | 契税纳税申报表 | 原件 | 2 | |
| 2 | 省级人民政府出具的改造安置住房相关证明材料 | 原件及复印件 | 1 | 原件核对后退还 |
| 3 | 回购合同(协议) | 原件及复印件 | 1 | 原件核对后退还 |

【政策依据】

《中华人民共和国契税暂行条例》（中华人民共和国国务院令〔1997〕第224号）

《中华人民共和国契税暂行条例细则》（财法字〔1997〕52号）

《财政部　国家税务总局关于棚户区改造有关税收政策的通知》（财税〔2013〕101号）

【温馨提示】

（1）纳税人在符合减免税条件期间，备案材料一次性报备，在政策存续期可一直享受。

（2）纳税人享受减免税的情形发生变化时，应当及时向税务机关报告。

（3）纳税人享受备案类减免税的，对符合政策规定条件的材料有留存备查的义务。

4. 企业事业单位改制重组的契税优惠。

【事项描述】

企事业单位重组改制过程中土地、房屋权属转移符合免征契税优惠条件的，按规定提交相关资料进行备案。

——企业按照有关规定整体改制的，对改制（变更）后公司承受原企业土地、房屋权属，免征契税（减免税性质代码：15052506）

——事业单位按照国家有关规定改制为企业，对改制后企业承受原事业单位土地、房屋权属，免征契税（减免税性质代码：15052507）

——合并后公司承受原合并各方土地、房屋权属，免征契税（减免税性质代码：15052508）

——分立后公司承受原公司土地、房屋权属，免征契税（减免税性质代码：15052509）

——企业破产过程中债权人及非债权人承受原企业土地、房屋权属减免契税（减免税性质代码：15052510）

——单位承受县级以上人民政府或国有资产管理部门按规定进行行政性调整、划转国有土地、房屋权属的，免征契税（减免税性质代码：15052511）

——同一投资主体内部所属企业之间土地、房屋权属的划转，免征契税（减免税性质代码：15052512）

——经国务院批准实施债权转股权的企业，对债权转股权后新设立的公司承受原企业的土地、房屋权属，免征契税（减免税性质代码：15052513）

【办理时限】



（1）纳税人办理时限。

纳税人在首次享受减免税的申报阶段，或在税务机关要求的申报征期后的其他规定期限内办理。

（2）税务机关办理时限。

报送资料齐全、符合法定形式、填写内容完整，受理后即时办结。

**【报送资料】**

| 序号 | 资料名称 | 原件/复印件 | 份数 | 备注 |
|---|---|---|---|---|
| 1 | 契税纳税申报表 | 原件 | 2 | |
| 2 | 房屋产权证、土地使用权证明 | 原件及复印件 | 1 | 原件核对后退还 |

**条件报送资料**

（1）改制企业提供。

| 序号 | 资料名称 | 原件/复印件 | 份数 | 备注 |
|---|---|---|---|---|
| 1 | 上级主管机关批准其改制或董事会决议 | 原件及复印件 | 1 | 原件核对后退还 |
| 2 | 改制前后的投资情况的证明材料 | 原件及复印件 | 1 | 原件核对后退还 |

（2）合并、分立企业提供。

| 序号 | 资料名称 | 原件/复印件 | 份数 | 备注 |
|---|---|---|---|---|
| 1 | 上级主管机关批准其重组或董事会决议 | 原件及复印件 | 1 | 原件核对后退还 |
| 2 | 重组前后的投资情况的证明材料 | 原件及复印件 | 1 | 原件核对后退还 |

（3）破产企业提供。

| 序号 | 资料名称 | 原件/复印件 | 份数 | 备注 |
|---|---|---|---|---|
| 1 | 上级主管机关批准其破产或董事会决议 | 原件及复印件 | 1 | 原件核对后退还 |
| 2 | 法院破产公告等证明材料 | 原件及复印件 | 1 | 原件核对以后退还 |
| 3 | 债权人债务情况的证明材料（债权人提供） | 原件及复印件 | 1 | 原件核对后退还 |
| 4 | 非债权人妥善安置原企业职工，签订服务年限不少于三年的劳动用工合同的证明材料（非债权人提供） | 原件及复印件 | 1 | 原件核对后退还 |

（4）资产划转企业提供。

| 序号 | 资料名称 | 原件/复印件 | 份数 | 备注 |
|---|---|---|---|---|
| 1 | 县级以上人民政府或国有资产管理部门按规定进行行政性调整、划转国有土地、房屋权属的证明材料，或同一投资主体投资情况的证明材料 | 原件及复印件 | 1 | 原件核对后退还 |

（5）债权转股权企业提供。

| 序号 | 资料名称 | 原件/复印件 | 份数 | 备注 |
|---|---|---|---|---|
| 1 | 国务院批准文件 | 原件及复印件 | 1 | 原件核对后退还 |
| 2 | 债转股前后资产变化情况的证明材料 | 原件及复印件 | 1 | 原件核对后退还 |

**【政策依据】**

《中华人民共和国契税暂行条例》（中华人民共和国国务院令〔1997〕第224号）

《中华人民共和国契税暂行条例细则》（财法字〔1997〕52号）

《财政部　税务总局关于继续支持企业、事业单位改制重组有关契税政策的通知》（财税〔2018〕17号）

**【温馨提示】**

（1）纳税人在符合减免税条件期间，备案材料一次性报备，在政策存续期可一直享受。

（2）纳税人享受减免税的情形发生变化时，应当及时向税务机关报告。

（3）纳税人享受备案类减免税的，对符合政策规定条件的材料有留存备查的义务。

# 第十章　印　花　税

## 一、如何申报缴纳印花税

印花税应当于书立或领受时贴花，实行汇总缴纳和核定缴纳的纳税人应按月计算应纳税额，按月进行申报，并于次月10日前缴纳税款。

同一凭证，由两方或者两方以上当事人签订并各执一份的，应当由各方就所执的一份各自全额贴花。

## 二、印花税共包含13个税目，各税目是如何规定的

1. 购销合同：包括供应、预购、采购、购销、结合及协作、调剂、补偿、易货等合同。

煤炭企业在购进和销售煤炭时虽没有签订购销合同，但有订单、要货单等各类具有合同性质的凭证，也需要缴纳印花税。河北省按企业购销金额的50%或销售收入的100%为计税依据，适用0.3‰税率。

2. 加工承揽合同：包括加工、定作、修缮、修理、印刷广告、测绘、测试等合同。

河北省按加工或承揽金额的60%～100%为计税依据，适用0.5‰税率。修理合同属于“加工承揽合同”，但对于委托商店、门市部的零星修理而开具的修理单，根据（88）国税地字第025号规定，无需贴花。

3. 建设工程勘察设计合同：包括勘察、设计合同。按建筑工程勘察设计金额的100%为计税依据，适用0.5‰税率。

4. 建筑安装工程承包合同：包括建筑、安装工程承包合同。按建筑安装工程承包金额的100%为计税依据，适用0.3‰税率。

5. 财产租赁合同：包括租赁房屋、船舶、飞机、机动车辆、机械、器具、设备等合同。按财产租赁金额的100%为计税依据，适用1‰税率。

在印花税税目表的“财产租赁合同”税目中并没有列举土地使用权租赁项

目，因此土地租赁合同不属于应税凭证，无需贴花。

6. 货物运输合同：包括民用航空运输、铁路运输、海上运输、内河运输、公路运输和联运合同。按运费金额的100%为计税依据，适用0.5‰税率。

7. 仓储保管合同：包括仓储、保管合同。以仓储保管费用为计税依据，适用1‰税率。

8. 借款合同：借款人和银行及其他金融组织所签订的借款合同（不包括银行同业拆借），以借款金额为计税依据，适用0.05‰税率。非金融企业之间借款或非金融企业与个人的借款不需要贴花。

**注：**金融机构与小型、微型企业签订的借款合同免征印花税。

9. 财产保险合同：包括财产、责任、保证、信用等保险合同。按保费收入的100%为计税依据，适用1‰税率。

10. 技术合同：包括技术开发、转让、咨询、服务等合同。按服务金额的100%为计税依据，适用0.3‰税率。一般的法律、法规、会计、审计等方面的咨询不属于技术咨询，其所立合同不贴印花。

11. 产权转移书据：包括财产所有权和版权、商标专用权、专利权、专有技术使用权、房产等转移书据。按产权转移金额为计税依据，适用0.5‰税率。

12. 营业账簿：记载资金的账簿，按实收资本和资本公积合计金额的0.5‰贴花；其他账簿按件贴花5元。

**注：**认缴制情况下，未到位实收资本不交纳印花税。

13. 权利、许可证照：包括房屋产权证、工商营业执照、商标注册证、专利证、土地使用证。按件贴花5元。

## 三、对于集团内部业务是否缴纳印花税

企业集团内具有平等法律地位的主体之间自愿订、明确双方购销关系、据以供货和结算、具有合同性质的凭证，应按规定征收印花税。对于企业集团内部执行计划使用的、不具有合同性质的凭证，不征收印花税。

**【政策依据】**

《关于企业集团内部使用的有关凭证征收印花税问题的通知》（国税函〔2009〕9号）

## 四、培训合同是否贴花



技术培训合同是当事人一方委托另一方对指定的专业技术人员进行特定项目

的技术指导和专业训练所订立的技术合同。对各种职业培训、文化学习、职工业余教育等订立的合同，不属于技术培训合同，不贴印花。

【政策依据】

《关于对技术合同征收印花税问题的通知》（国税地〔1989〕34号）

## 五、企业购进固定资产，如何缴纳印花税

如购置动产签订的购销合同应按万分之三缴纳印花税；如购置的不动产，应按产权转移书据即合同金额的万分之五缴纳印花税。

## 六、企业签订股权转让合同如何贴花

企业在收购和转让股权时，应按“产权转移书据”缴纳印花税。

【政策依据】

《关于印花税若干具体问题的解释和规定的通知》（国税发〔1991〕155号）

## 七、企业使用计算机记账如何贴花

根据（88）国税地字第028号文件规定：企业使用计算机记账，按照电子计算机会计核算的账务组织和账簿设置要求，输入计算机的核算资料（包括综合、明细核算资料），需要输出打印账页、装订成册，具有账簿的作用。

对通过计算机输出打印账页，装订账册的，应按照规定贴花。

## 八、企业以电子形式签订的购销合同是否贴花

对纳税人以电子形式签订的各类应税凭证按规定征收印花税。

【政策依据】

《财政部　国家税务总局关于印花税若干政策的通知》（财税〔2006〕162号）

## 九、企业签订的拆迁补偿合同是否缴纳印花税

企业与被拆迁企业签订的拆迁补偿合同，不属于法规列举的应纳税凭证，不交印花税。

## 十、股权投资协议是否贴花

股权投资协议是投资各方在投资前签订的协议，只是一种投资的约定，不属于印花税征税范围，无需贴花。

## 十一、代理合同是否贴花

代理单位和委托方签订的委托代理合同，凡仅明确代理事项、权限和责任的，根据国税发〔1991〕第155号文规定，不属于应税凭证，无需贴花。

在货运代理业务中，委托方和货运代理企业签订的委托代理合同，以及货运代理企业开给委托方的货物运输代理业专用发票，根据国税发〔1991〕第155号、国税发〔1990〕173号文规定，不属于印花税应税凭证，无需贴花。

## 十二、电网与用户之间签订的供电合同如何贴花

根据财税〔2006〕162号规定，电网与用户之间签订的供用电合同不属于印花税列举征税的凭证，不征收印花税。

## 十三、非合同当事人是否贴花

《中华人民共和国印花税暂行条例》三方合同中的担保人、鉴定人等非合同当事人不需要缴纳印花税。

## 十四、商业汇票贴现是否贴花

企业向银行办理商业承兑汇票等商业票据贴现，从银行取得资金，但贴现业务并非是向银行借款，在贴现过程中不涉及印花税。

## 十五、借款合同中涉及的特殊问题

1. 凡是一项信贷业务既签订借款合同，又一次或分次填开借据的，只以借款合同所载金额为计税依据计税贴花；凡是只填开借据并作为合同使用的，应以借据所载金额为计税依据计税贴花。



2. 借贷双方签订的流动资金周转性借款合同，一般按年（期）签订，规定

最高限额，借款人在规定的期限和最高限额内随借随还，为避免加重借贷双方的负担，对这类合同只以其规定的最高限额为计税依据，在签订时贴花一次，在限额内随借随还不签订新合同的，不再贴花。

3. 对借款方以财产作抵押，从贷款方取得一定数量抵押贷款的合同，应按借款合同贴花；在借款方因无力偿还借款而将抵押财产转移给贷款方时，应再就双方书立的产权书据，按产权转移书据的有关规定计税贴花。

**【政策依据】**

《关于对借款合同贴花问题的具体规定》（国税地字〔1988〕30号）

## 十六、其他免贴印花税的凭证还有哪些

单位和员工签订的劳务用工合同、供应商承诺书、保密协议、物业管理服务合同、保安服务合同、日常清洁绿化服务合同、杀虫服务合同、质量认证服务合同、翻译服务合同、出版合同，不属于印花税应税凭证，无需贴花。

## 十七、印花税的计税依据到底含不含增值税

总局在2016年4月25日视频会议有关政策口径：印花税的计税依据是合同所载金额。如果合同记载的金额是含税价，则按照含税价格计算印花税。如果合同记载的金额是价税分离的，那么就按照不含增值税金额确定计税依据。

## 十八、印花税的税收优惠有哪些

1. 对改造安置住房经营管理单位、开发商与改造安置住房相关以及购买安置住房的个人涉及的印花税优惠。

**【事项描述】**

改造安置住房经营管理单位、开发商与改造安置住房相关的印花税以及购买安置住房的个人涉及的印花税予以免征。在商品住房等开发项目中配套建造安置住房的，依据政府部门出具的相关材料、房屋征收（拆迁）补偿协议或棚户区改造合同（协议），按改造安置住房建筑面积占总建筑面积的比例免征印花税。

纳税人符合上述免征印花税优惠条件的，按规定提交相关资料进行备案。

**【办理时限】**

（1）纳税人办理时限。

纳税人在首次享受减免税的申报阶段，或在税务机关要求的申报征期后的其

他规定期限内办理。

（2）税务机关办理时限。

报送资料齐全、符合法定形式、填写内容完整，受理后即时办结。

【报送资料】

| 序号 | 资料名称 | 原件/复印件 | 份数 | 备注 |
|---|---|---|---|---|
| 1 | 纳税人减免税申请核准表 | 原件 | 2 | |
| 2 | 改造安置住房相关证明材料 | 原件及复印件 | 1 | 原件核对后退还 |
| 3 | 房屋征收（拆迁）补偿协议或棚户区改造合同（协议） | 原件及复印件 | 1 | 原件核对后退还 |
| 4 | 购买安置住房的个人身份证明 | 原件及复印件 | 1 | 原件核对后退还 |

【政策依据】

《中华人民共和国印花税暂行条例》（中华人民共和国国务院令〔1988〕第11号）

《中华人民共和国印花税暂行条例细则》（财税〔1988〕255号）

《财政部　国家税务总局关于棚户区改造有关税收政策的通知》（财税〔2013〕101号）

【温馨提示】

（1）纳税人在符合减免税条件期间，备案材料一次性报备，在政策存续期可一直享受。

（2）纳税人享受减免税的情形发生变化时，应当及时向税务机关报告。

（3）纳税人享受备案类减免税的，对符合政策规定条件的材料有留存备查的义务。

2. 企业改制重组过程中印花税优惠。

【事项描述】

企业改制重组过程中应税凭证符合免征印花税优惠条件的，纳税人按规定提交相关资料进行备案。

——企业改制、重组过程中印花税予以免征（减免税性质代码：09059902）

——外国银行分行改制为外商独资银行中印花税予以免征（减免税性质代码：09081509）

【办理时限】

（1）纳税人办理时限。

纳税人在首次享受减免税的申报阶段，或在税务机关要求的申报征期后的其他规定期限内办理。

（2）税务机关办理时限。

报送资料齐全、符合法定形式、填写内容完整，受理后即时办结。

**【报送资料】**

| 序号 | 资料名称 | 原件/复印件 | 份数 | 备注 |
|---|---|---|---|---|
| 1 | 纳税人减免税申请核准表 | 原件 | 2 | |
| 2 | 县级以上人民政府及企业主管部门改制重组批复文件 | 原件及复印件 | 1 | 原件核对后退还 |

**【政策依据】**

《中华人民共和国印花税暂行条例》（中华人民共和国国务院令〔1988〕第11号）

《中华人民共和国印花税暂行条例细则》（财税〔1988〕255号）

《财政部 国家税务总局关于企业改制过程中有关印花税政策的通知》（财税〔2003〕183号）

《财政部 国家税务总局关于外国银行分行改制为外商独资银行有关税收问题的通知》（财税〔2007〕45号）

**【温馨提示】**

（1）纳税人在符合减免税条件期间，备案材料一次性报备，在政策存续期可一直享受。

（2）纳税人享受减免税的情形发生变化时，应当及时向税务机关报告。

（3）纳税人享受备案类减免税的，对符合政策规定条件的材料有留存备查的义务。

3. 对营业账簿减免印花税优惠。

**【事项描述】**

自2018年5月1日起，对按万分之五税率贴花的资金账簿减半征收印花税，对按件贴花5元的其他账簿免征印花税。

**【政策依据】**

《财政部 税务总局关于对营业账簿减免印花税的通知》（财税〔2018〕50号）

# 第十一章　资　源　税

## 一、资源税的纳税义务人是如何规定的

1. 在中华人民共和国领域及管辖海域开采实施条例规定的矿产品或者生产盐的单位和个人，为资源税的纳税人，应当依照本条例缴纳资源税。

纳税人开采或者生产应税产品，自用于连续生产应税产品的，不缴纳资源税；自用于其他方面的，视同销售，依照实施条例缴纳资源税。

2. 以应税产品投资、分配、抵债、赠与、以物易物等，视同销售，依照本通知有关规定计算缴纳资源税。

3. 利用取水工程或者设施直接从江河、湖泊（含水库）和地下取用地表水、地下水的单位和个人，为水资源税纳税人。

水资源税的征税对象为地表水和地下水。

地表水是陆地表面上动态水和静态水的总称，包括江、河、湖泊（含水库）、雪山融水等水资源。

地下水是埋藏在地表以下各种形式的水资源。

**【政策依据】**

《关于资源税改革具体政策问题的通知》（财税〔2016〕54 号）

《关于印发〈水资源税改革试点暂行办法〉的通知》（财税〔2016〕55 号）

## 二、资源税计税依据如何确定

《关于实施煤炭资源税改革的通知》（财税〔2014〕72 号）

自 2014 年 12 月 1 日起在全国范围内实施煤炭资源税从价计征。

1. 纳税人开采原煤直接对外销售的，以原煤销售额作为应税煤炭销售额计算缴纳资源税。

原煤应纳税额 = 原煤销售额 × 适用税率

原煤销售额不含从坑口到车站、码头等的运输费用。

2. 纳税人将其开采的原煤，自用于连续生产洗选煤的，在原煤移送使用环节不缴纳资源税；自用于其他方面的，视同销售原煤，依照《中华人民共和国资源税暂行条例实施细则》第七条和本通知的有关规定确定销售额，计算缴纳资源税。

3. 纳税人将其开采的原煤加工为洗选煤销售的，以洗选煤销售额乘以折算率作为应税煤炭销售额计算缴纳资源税。

《关于印发〈水资源税改革试点暂行办法〉的通知》（财税〔2016〕55号）

第五条 水资源税实行从量计征。应纳税额计算公式：

$$应纳税额 = 取水口所在地税额标准 \times 实际取用水量$$

水力发电和火力发电贯流式取用水量按照实际发电量确定。

国家税务总局公告2018年第13号关于发布《资源税征收管理规程》的公告

第四条 计税销售额或者销售数量，包括应税产品实际销售和视同销售两部分。视同销售包括以下情形：

（1）纳税人以自采原矿直接加工为非应税产品的，视同原矿销售。

（2）纳税人以自采原矿洗选（加工）后的精矿连续生产非应税产品的，视同精矿销售。

（3）以应税产品投资、分配、抵债、赠与、以物易物等，视同应税产品销售。

第五条 纳税人有视同销售应税产品行为而无销售价格的，或者申报的应税产品销售价格明显偏低且无正当理由的，税务机关应按下列顺序确定其应税产品计税价格：

（1）按纳税人最近时期同类产品的平均销售价格确定。

（2）按其他纳税人最近时期同类产品的平均销售价格确定。

（3）按应税产品组成计税价格确定。

$$组成计税价格 = 成本 \times (1 + 成本利润率) \div (1 - 资源税税率)$$

（4）按后续加工非应税产品销售价格，减去后续加工环节的成本利润后确定。

（5）按其他合理方法确定。

第七条 对同时符合以下条件的运杂费用，纳税人在计算应税产品计税销售额时，可予以扣减：

(1) 包含在应税产品销售收入中。

(2) 属于纳税人销售应税产品环节发生的运杂费用，具体是指运送应税产品从坑口或者洗选（加工）地到车站、码头或者购买方指定地点的运杂费用。

(3) 取得相关运杂费用发票或者其他合法有效凭据。

(4) 将运杂费用与计税销售额分别进行核算。

纳税人扣减的运杂费用明显偏高导致应税产品价格偏低且无正当理由的，主管税务机关可以合理调整计税价格。

## 三、资源税的纳税义务发生时间是怎么规定的

纳税人销售应税产品，纳税义务发生时间为收讫销售款或者取得索取销售款凭据的当天；自产自用应税产品，纳税义务发生时间为移送使用的当天。

资源税纳税义务发生时间具体规定如下：

(1) 纳税人采取分期收款结算方式的，其纳税义务发生时间，为销售合同规定的收款日期的当天。

(2) 纳税人采取预收货款结算方式的，其纳税义务发生时间，为发出应税产品的当天。

(3) 纳税人采取其他结算方式的，其纳税义务发生时间，为收讫销售款或者取得索取销售款凭据的当天。

(4) 纳税人自产自用应税产品的纳税义务发生时间，为移送使用应税产品的当天。

(5) 扣缴义务人代扣代缴税款的纳税义务发生时间，为支付货款的当天。

资源税在应税产品的销售或自用环节计算缴纳。以自采原矿加工精矿产品的，在原矿移送使用时不缴纳资源税，在精矿销售或自用时缴纳资源税。

水资源税的纳税义务发生时间为纳税人取用水资源的当日。

**【政策依据】**

《中华人民共和国资源税暂行条例》（中华人民共和国国务院令〔2011〕第605号）第九条

《关于资源税改革具体政策问题的通知》（财税〔2016〕54号）

《关于印发〈水资源税改革试点暂行办法〉的通知》（财税〔2016〕55号）

## 四、同一企业开采不同税目的产品如何纳税



纳税人开采或者生产不同税目应税产品的，应当分别核算不同税目应税产品

的销售额或者销售数量；未分别核算或者不能准确提供不同税目应税产品的销售额或者销售数量的，从高适用税率。

## 五、对伴生矿资源税如何征收

为促进共伴生矿的综合利用，纳税人开采销售共伴生矿，共伴生矿与主矿产品销售额分开核算的，对共伴生矿暂不计征资源税；没有分开核算的，共伴生矿按主矿产品的税目和适用税率计征资源税。财政部、国家税务总局另有规定的，从其规定。

**【政策依据】**

《关于资源税改革具体政策问题的通知》（财税〔2016〕54 号）

## 六、煤炭企业地面抽采的煤气层是否缴纳资源税

对地面抽采的煤气层暂不征收资源税。

**【政策依据】**

《关于加快煤层气抽采有关税收政策问题的通知》（财税〔2007〕16 号）

## 七、临时应急取水需要缴纳水资源税吗

为保障矿井等地下工程施工安全和生产安全必须进行临时应急取（排）用水的不征收水资源税。

**注：**应急指的是漏水等危急情况下进行的排水。

**【政策依据】**

《河北省水资源税改革试点实施办法》（冀政发〔2016〕34 号）

## 八、资源税有哪些税收优惠及如何享受

1. 遭受重大损失的。

**【事项描述】**

纳税人开采或者生产应税产品过程中，因意外事故或者自然灾害等原因遭受重大损失的，由省、自治区、直辖市人民政府酌情决定减税或者免税。纳税人符合免征、减征资源税优惠条件的，按规定将相关资料报送税务机关核准。

**【办理时限】**

（1）纳税人办理时限。

纳税人在政策规定的减免税期限办理。

（2）税务机关办理时限。

报送资料齐全、符合法定形式、填写内容完整，受理后在 20 个工作日内办结。

【报送资料】

| 序号 | 资料名称 | 原件/复印件 | 份数 | 备注 |
| --- | --- | --- | --- | --- |
| 1 | 纳税人减免税申请核准表 | 原件 | 2 | |
| 2 | 减免税申请报告（列明减免税理由、依据、范围、期限、数量、金额等） | 原件 | 1 | 加盖公章 |
| 3 | 开采或生产应税产品过程中，因意外事故或自然灾害等原因遭受重大损失的证明材料 | 原件及复印件 | 1 | 原件核对后退还 |

【政策依据】

《中华人民共和国资源税暂行条例》（中华人民共和国国务院令〔2011〕第 605 号）

《中华人民共和国资源税暂行条例实施细则》（中华人民共和国财政部令〔2011〕第 66 号）

【温馨提示】

纳税人享受核准类减免税的，对符合政策规定条件的材料有留存备查的义务。

2. 充填开采及衰竭期相关优惠。

【事项描述】

A：对依法在建筑物下、铁路下、水体下通过充填开采方式采出的矿产资源，资源税减征 50%。

充填开采是指随着回采工作面的推进，向采空区或离层带等空间充填废石、尾矿、废渣、建筑废料以及专用充填合格材料等采出矿产品的开采方法。

减征资源税的充填开采，应当同时满足以下三个条件：一是采用先进适用的胶结或膏体等充填方式；二是对采空区实行全覆盖充填；三是对地下含水层和地表生态进行必要的保护。

对实际开采年限在 15 年以上的衰竭期矿山开采的矿产资源，资源税减征 30%。

B：衰竭期矿山是指剩余可采储量下降到原设计可采储量的 20%（含）以下或剩余服务年限不超过 5 年的矿山，以开采企业下属的单个矿山为单位确定。

《关于落实资源税改革优惠政策若干事项的公告》（国家税务总局 国土资源部公告2017 年第 2 号）

对符合条件的充填开采和衰竭期矿山减征资源税，实行备案管理制度。

本公告不适用于原油、天然气、煤炭、稀土、钨、钼，上述资源税税目的有关优惠政策仍按原文件执行。

**【报送资料】**

纳税人初次申报减税，应当区分充填开采减税和衰竭期矿山减税，向主管税务机关备案以下资料：

（1）充填开采减税。

①纳税人减免税备案登记表；

②资源税减免备案说明（包括矿区概况、开采方式、开采“三下”矿产的批件、“三下”压覆的矿产储量及其占全部储量的比例等）；

③采矿许可证复印件；

④矿产资源开发利用方案相关内容复印件；

⑤井上井下工程对照图；

⑥主管税务机关要求备案的其他资料。

（2）衰竭期矿山减税。

①纳税人减免税备案登记表；

②资源税减免备案说明（包括矿区概况、开采年限、剩余可采储量或剩余服务年限等）；

③采矿许可证复印件；

④经国土资源主管部门备案的《矿产资源储量核实报告》评审意见书及相关备案证明；

⑤主管税务机关要求备案的其他资料。

纳税人开采销售的应税矿产资源（同一笔销售业务）同时符合两项（含）以上资源税备案类减免税政策的，纳税人可选择享受其中一项优惠政策，不得叠加适用。

**【政策依据】**

《关于资源税改革具体政策问题的通知》（财税〔2016〕54 号）

3. 煤炭企业减免税优惠。

A：对衰竭期煤矿开采的煤炭，资源税减征 30%。

**【事项描述】**

衰竭期煤矿是指剩余可采储量下降到原设计可采储量的 20%（含）以下，

或者剩余服务年限不超过5年的煤矿，以煤炭企业下属的单个煤矿为单位确定。无法查找原设计可采储量的，衰竭期以剩余服务年限为准。剩余服务年限由剩余可采储量、最近一次核准或核定的生产能力、储量备用系数计算确定。

纳税人在初次申报衰竭期煤矿减税项目时，应将煤炭行业管理部门出具的符合减税条件的煤矿名单及有关资料向主管税务机关备案。煤炭行业管理部门在正式受理纳税人的申报材料后，对符合优惠政策的纳税人，20个工作日内出具符合减税条件的煤矿名单及有关资料。有关资料包括剩余可采储量、剩余可采储量占原设计可采储量的比例、剩余服务年限以及进入衰竭期的起始时间等内容。

在煤炭资源可采储量增加，但仍符合减税条件时，纳税人应及时将有关情况向煤炭行业管理部门申报，并向主管税务机关备案。在煤炭资源可采储量增加而不符合减税条件时，纳税人应停止享受减税政策。

纳税人开采的煤炭，同时符合衰竭期煤矿开采的煤炭和充填开采置换出来的煤炭减税情形的，纳税人只能选择其中一项执行，不能叠加适用。

**【办理时限】**

（1）纳税人办理时限。

纳税人在初次申报衰竭期煤矿减税项目时办理。

（2）税务机关办理时限。

报送资料齐全、符合法定形式、填写内容完整，受理后即时办结。

**【报送资料】**

| 序号 | 资料名称 | 原件/复印件 | 份数 | 备注 |
|---|---|---|---|---|
| 1 | 纳税人减免税申请核准表 | 原件 | 2 | |
| 2 | 煤炭行业管理部门出具的符合减税条件的煤矿名单及有关资料 | 原件 | 1 | |

**【政策依据】**

《财政部　国家税务总局关于实施煤炭资源税改革的通知》（财税〔2014〕72号）

《国家能源局　国家税务总局关于落实煤炭资源税优惠政策若干事项的公告》（公告2015年第21号）

**【温馨提示】**

（1）纳税人在符合减免税条件期间，备案材料一次性报备，在政策存续期可一直享受。

（2）在煤炭资源可采储量增加，但符合减税条件时，纳税人应及时将有关情况向煤炭行业管理部门申报，并向主管税务机关备案。在煤炭资源可采储量增加而不符合减税条件时，纳税人应停止享受减税政策。

（3）纳税人享受备案类减免税的，对符合政策规定条件的材料有留存备查的义务。

B：对充填开采置换出来的煤炭，资源税减征 50%。

【事项描述】

充填开采是随着回采工作面的推进，向采空区或离层带等空间充填矸石、粉煤灰、建筑废料以及专用充填材料的煤炭开采技术，主要包括矸石等固体材料充填、膏体材料充填、高水材料充填、注浆充填以及采用充填方式实施的保水开采等。

采用充填方式实施的保水开采是指为保护地表水体、开采煤层上覆岩层水体和下伏岩层水体，采用充填方式减少水体损害的煤炭开采方法，主要包括采空区充填、上覆岩层离层带注浆充填、下伏岩层注浆充填加固等。

纳税人初次申报充填开采资源税减税项目时，应将煤炭行业管理部门出具的符合减税条件的煤矿名单及有关资料向主管税务机关备案。煤炭行业管理部门在正式受理纳税人的申报材料后，对符合优惠政策的纳税人，20 个工作日内出具符合减税条件的煤矿名单及有关资料。有关资料以煤炭企业下属的单个煤矿为单位出具，内容包括充填开采设计的充填工艺、煤炭产量、实施周期和预期效果等。

纳税人应按充填开采置换出原煤的销售额申报减税额，并提供相关原煤产量和销量。纳税人在充填开采工作面已经安装计量装置的，按实际计量的称重数量作为充填开采置换出来的煤炭数量。没有安装计量装置的，按当期注入充填物体积和充采比进行计算。煤炭行业管理部门可结合当地实际情况发布不同充填开采工艺的充采比参考值。

纳税人应当单独核算不同减税项目的销售额，未单独核算的不予减税。

纳税人开采的煤炭，同时符合衰竭期煤矿开采的煤炭和充填开采置换出来的煤炭减税情形的，纳税人只能选择其中一项执行，不能叠加适用。

【办理时限】

（1）纳税人办理时限。

纳税人在初次申报充填开采资源税减税项目时办理。

（2）税务机关办理时限。

报送资料齐全、符合法定形式、填写内容完整，受理后即时办结。

【报送资料】

| 序号 | 资料名称 | 原件/复印件 | 份数 | 备注 |
|---|---|---|---|---|
| 1 | 纳税人减免税申请核准表 | 原件 | 2 | |
| 2 | 煤炭行业管理部门出具的符合减税条件的煤矿名单及有关资料 | 原件 | 1 | |

【政策依据】

《财政部　国家税务总局关于实施煤炭资源税改革的通知》（财税〔2014〕72号）

《国家能源局　国家税务总局关于落实煤炭资源税优惠政策若干事项的公告》（公告2015年第21号）

【温馨提示】

（1）纳税人在符合减免税条件期间，备案材料一次性报备，在政策存续期可一直享受。

（2）纳税人享受减免税的情形发生变化时，应当及时向税务机关报告。

（3）纳税人享受备案类减免税的，对符合政策规定条件的材料有留存备查的义务。

# 第十二章　车　船　税

## 一、新的车船税纳税义务人是如何规定的

在中华人民共和国境内属于本法所附《车船税税目税额表》规定的车辆、船舶（以下简称车船）的所有人或者管理人，为车船税的纳税人，应当依照本法缴纳车船税。

所称车辆、船舶，是指：

（1）依法应当在车船登记管理部门登记的机动车辆和船舶。

（2）依法不需要在车船登记管理部门登记的在单位内部场所行驶或者作业的机动车辆和船舶。

## 二、车船税征收方式有哪些

车船税由地方税务机关负责征收，也可以由办理机动车交通事故责任强制保险的保险机构代收代缴。未办理机动车交通事故责任强制保险的车辆，应当于每年1月1日至12月31日，向所在地的地方税务机关申报缴纳当年度的车船税，一次缴清全年税款。

## 三、消防车、救护车，是否缴纳车船税

根据2011年颁布的《车船税法及实施条例》相关规定，消防车、救护车不属于免征车船税的范围，应依法缴纳车船税。

## 四、车船税的税收优惠有哪些

符合节约能源、使用新能源车船减征或免征车船税优惠条件的纳税人，按规定提交相关资料进行备案。

【办理时限】

（1）纳税人办理时限。

纳税人在首次享受减免税的申报阶段，或在税务机关要求的申报征期后的其他规定期限内办理。

（2）税务机关办理时限。

报送资料齐全、符合法定形式、填写内容完整，受理后即时办结。

【报送资料】

| 序号 | 资料名称 | 原件/复印件 | 份数 | 备注 |
| --- | --- | --- | --- | --- |
| 1 | 《纳税人减免税申请核准表》 | 原件 | 2 | |
| 2 | 购车单位或人员身份证明 | 原件及复印件 | 1 | 原件核对后退还 |
| 3 | 车船产权证（行驶证） | 原件及复印件 | 1 | 原件核对后退还 |

【政策依据】

《中华人民共和国车船税法》（中华人民共和国主席令〔2011〕第43号）

《中华人民共和国车船税法实施条例》（中华人民共和国国务院令〔2011〕第611号）

《财政部　国家税务总局　工业和信息化部关于节约能源　使用新能源车辆减免车船税的车型目录（第一批）的公告》（财政部　国家税务总局　工业和信息化部公告2012年第7号）

《财政部　国家税务总局　工业和信息化部关于节约能源　使用新能源车辆减免车船税的车型目录（第二批）的公告》（财政部　国家税务总局　工业和信息化部公告2012年第25号）

《财政部　国家税务总局　工业和信息化部关于节约能源使用新能源车船税政策的通知》（财税〔2012〕19号）

《财政部　国家税务总局　工业和信息化部关于享受车船税减免优惠的节约能源使用新能源汽车车型目录（第三批）的公告》（财政部　国家税务总局　工业和信息化部公告2015年第66号）

【温馨提示】

（1）纳税人在符合减免税条件期间，备案材料一次性报备，在政策存续期可一直享受。

（2）纳税人享受减免税的情形发生变化时，应当及时向税务机关报告。

（3）纳税人享受备案类减免税的，对符合政策规定条件的材料有留存备查的义务。

# 第十三章　环境保护税

## 一、纳税义务人是如何规定的

在中华人民共和国领域和中华人民共和国管辖的其他海域，直接向环境排放应税污染物的企业事业单位和其他生产经营者为环境保护税的纳税人，应当依照本法规定缴纳环境保护税。

关键词 1：领域、海域。

中华人民共和国领域是指我国行使国家主权的空间，包括领陆、领水、领空。中华人民共和国管辖的其他海域是指我国法律规定的领海毗连区和领海以外 200 海里的专属海洋经济区。

关键词 2：直接排放。

环境保护税以直接向环境排放应税污染物作为应税行为。税法第四条列举了不属于直接排放的两种情形：一是企业事业单位和其他生产经营者向依法设立的污水集中处理、生活垃圾集中处理场所排放应税污染物的；二是企业事业单位和其他生产经营者在符合国家和地方环境保护标准的设施、场所贮存或者处置固体废物的。这两种情况不缴纳相应污染物的环境保护税。除此之外，其他排放应税污染物的行为应纳入征税范围，依法征收环境保护税。

关键词 3：应税污染物。

《环境保护税法》第三条：本法所称应税污染物，是指本法所附《环境保护税税目税额表》《应税污染物和当量值表》规定的大气污染物、水污染物、固体废物和噪声（VOC 挥发性有机物，已在包括山东在内 17 个省市开征排污费，下步会纳入）。

1. 几类特殊情形纳税人。

（1）“城乡污水集中处理、生活垃圾集中处理场所”。

《环境保护税法》第五条第一款：依法设立的城乡污水集中处理、生活垃圾集中处理场所超过国家和地方规定的排放标准向环境排放应税污染物的，应当缴纳环境保护税。

（2）固体废物环保税纳税人。

固体废物环境保护税纳税人包括应税固体废物产生单位和固体废物贮存、处置、综合利用单位。

固体废物贮存、处置应当符合国家固体废物污染环境防治要求。

按照《固体废物污染环境防治法》的规定，固体废物贮存是指将固体废物临时置于特定设施或者场所中的活动；固体废物处置是指将固体废物焚烧和用其他改变固体废物的物理、化学、特性的方法，达到减少已产生的固体废物数量、缩小固体废物体积、减少或者消除其危险成份的活动，或者将固体废物最终置于符合环境保护规定要求的填埋场的活动。

## 二、征税对象（税目、税额）

第三条：本法所称应税污染物，是指本法所附《环境保护税税目税额表》《应税污染物和当量值表》规定的大气污染物、水污染物、固体废物和噪声。

第六条：环境保护税的税目、税额，依照本法所附《环境保护税税目税额表》执行。

应税大气污染物和水污染物的具体适用税额的确定和调整，由省、自治区、直辖市人民政府统筹考虑本地区环境承载能力、污染物排放现状和经济社会生态发展目标要求，在本法所附《环境保护税税目税额表》规定的税额幅度内提出，报同级人民代表大会常务委员会决定，并报全国人民代表大会常务委员会和国务院备案。

（1）大气污染物。

《环境保护税法》第三条所称大气污染物，是指向环境排放影响大气环境质量的物质，具体范围依照环境保护税法所附《应税污染物和当量值表》确定，包括二氧化硫、氮氧化物、粉尘等44种。

（2）水污染物。

《环境保护税法》第三条所称水污染物，是指向环境放影响水环境质量的物质，具体范围依照环境保护税法所附《应税污染物和当量值表》确定。水污染物分为第一类水污染物和其他类水污染物，第一类水污染物包括总汞、总镉等10种，其他类水污染物包括化学需氧量、氨氮、色度等55种。

（3）固体废物。

《环境保护税法》第三条所称固体废物，是指税法所附《环境保护税税目税额表》中列举的煤矸石、尾矿、危险废物、冶炼渣、粉煤灰、炉渣以及其他固体废物。

对于其他固体废物。根据《环境保护税法实施条例（送审稿）》第三条规定，环境保护税法第三条所称本法所附《环境保护税税目税额表》中的其他固体废物的具体范围，由省、自治区、直辖市人民政府依法确定，并报国务院备案。

（4）工业噪声。

《环境保护税法》第三条所称噪声，是指在工业生产活动中产生的干扰周围生活环境的声音，具体范围依照税法所附《环境保护税税目税额表》确定。《环境保护税税目税额表》仅对工业噪声征税，取消了原排污费中对建筑施工噪声的征收项目。

**特殊情形**

（1）企业事业单位和其他生产经营者向依法设立的污水集中处理、生活垃圾集中处理场所排放应税污染物的，不征税。

（2）企业事业单位和其他生产经营者在符合国家和地方环境保护标准的设施、场所贮存或者处置固体废物的，不征税。

（3）城乡污水集中处理、生活垃圾集中处理场所排放应税污染物超过国家和地方环境保护标准的，征税。

（4）企业事业单位和其他生产经营者贮存或者处置固体废物不符合国家和地方环境保护标准的，征税。

## 三、计税依据

第七条：应税污染物的计税依据，依照下列方法确定：

（1）应税大气污染物按照污染物排放量折合的污染当量数确定。

（2）应税水污染物按照污染物排放量折合的污染当量数确定。

当量：指与特定或者俗成的数值相当的量。

污染当量：根据污染物或者污染排放活动对环境的有害程度以及处理的技术经济性，衡量不同污染物对环境污染的综合性指标或者计量单位。同一介质相同污染当量的不同污染物，其污染程度基本相当（第二十五条）。

（3）应税固体废物按照固体废物的排放量确定。

（4）应税噪声按照超过国家规定标准的分贝数确定。

## 四、应纳税额

计算方法：

第十一条：环境保护税应纳税额按照下列方法计算：

应纳税额＝污染当量数（大气、水污染物）×具体适用税额

＝排放量（固体废物）×具体适用税额

＝分贝数（噪声）×具体适用税额

（1）大气污染物、水污染物。

《关于应税大气污染物和水污染物排放量的监测计算问题》（财税〔2018〕23 号）

纳税人委托监测机构对应税大气污染物和水污染物排放量进行监测时，其当月同一个排放口排放的同一种污染物有多个监测数据的，应税大气污染物按照监测数据的平均值计算应税污染物的排放量；应税水污染物按照监测数据以流量为权的加权平均值计算应税污染物的排放量。在环境保护主管部门规定的监测时限内当月无监测数据的，可以跨月沿用最近一次的监测数据计算应税污染物排放量。纳入排污许可管理行业的纳税人，其应税污染物排放量的监测计算方法按照排污许可管理要求执行。

因排放污染物种类多等原因不具备监测条件的，纳税人应当按照《关于发布计算污染物排放量的排污系数和物料衡算方法的公告》（原环境保护部公告 2017 第 81 号）的规定计算应税污染物排放量。其中，相关行业适用的排污系数方法中产排污系数为区间值的，纳税人结合实际情况确定具体适用的产排污系数值；纳入排污许可管理行业的纳税人按照排污许可证的规定确定。生态环境部尚未规定适用排污系数、物料衡算方法的，暂由纳税人参照缴纳排污费时依据的排污系数、物料衡算方法及抽样测算方法计算应税污染物的排放量。

**关于应税水污染物污染当量数的计算问题**

应税水污染物的污染当量数，以该污染物的排放量除以该污染物的污染当量值计算。其中，色度的污染当量数，以污水排放量乘以色度超标倍数再除以适用的污染当量值计算。畜禽养殖业水污染物的污染当量数，以该畜禽养殖场的月均存栏量除以适用的污染当量值计算。畜禽养殖场的月均存栏量按照月初存栏量和月末存栏量的平均数计算。

（2）固体废物。

《关于应税固体废物排放量计算和纳税申报问题》（财税〔2018〕23 号）

应税固体废物的排放量为当期应税固体废物的产生量减去当期应税固体废物贮存量、处置量、综合利用量的余额。纳税人应当准确计量应税固体废物的贮存量、处置量和综合利用量，未准确计量的，不得从其应税固体废物的产生量中减去。纳税人依法将应税固体废物转移至其他单位和个人进行贮存、处置或者综合利用的，固体废物的转移量相应计入其当期应税固体废物的贮存量、处置量或者综合利用量；纳税人接收的应税固体废物转移量，不计入其当期应税固体废物的产生量。纳税人对应税固体废物进行综合利用的，应当符合工业和信息化部制定的工业固体废物综合利用评价管理规范。

纳税人申报纳税时，应当向税务机关报送应税固体废物的产生量、贮存量、处置量和综合利用量，同时报送能够证明固体废物流向和数量的纳税资料，包括固体废物处置利用委托合同、受委托方资质证明、固体废物转移联单、危险废物管理台账复印件等。有关纳税资料已在环境保护税基础信息采集表中采集且未发生变化的，纳税人不再报送。纳税人应当参照危险废物台账管理要求，建立其他应税固体废物管理台账，如实记录产生固体废物的种类、数量、流向以及贮存、处置、综合利用、接收转入等信息，并将应税固体废物管理台账和相关资料留存备查。

（3）工业噪声。

*《关于应税噪声应纳税额的计算问题》（财税〔2018〕23号）*

应税噪声的应纳税额为超过国家规定标准分贝数对应的具体适用税额。噪声超标分贝数不是整数值的，按四舍五入取整。一个单位的同一监测点当月有多个监测数据超标的，以最高一次超标声级计算应纳税额。声源一个月内累计昼间超标不足15昼或者累计夜间超标不足15夜的，分别减半计算应纳税额。

**排放量计算顺序：**

第十条：应税大气污染物、水污染物、固体废物的排放量和噪音的分贝数，按照下列方法和顺序计算：

（1）纳税人安装使用符合国家规定和监测规范的污染物自动监测设备的，按照污染物自动监测数据计算。

（2）纳税人未安装使用污染物自动监测设备的，按照监测机构出具的符合国家有关规定和监测规范的监测数据计算。

（3）因排放污染物种类多等原因不具备监测条件的，按照国务院环境保护主管部门规定的排污系数、物料衡算方法计算。

（4）不能按照本条第一项至第三项规定的方法计算的，按照省、自治区、直辖市人民政府环境保护主管部门规定的抽样测算的方法核定计算。

## 五、税收减免

（1）免征。

第十二条：下列情形，暂予免征环境保护税。

①农业生产（不包括规模化养殖）排放应税污染物的；

②机动车、铁路机车、非道路移动机械、船舶和航空器等流动污染源排放应税污染物的；

③依法设立的城乡污水集中处理、生活垃圾集中处理场所排放相应应税污染物，不超过国家和地方规定的排放标准的；

④纳税人综合利用的固体废物，符合国家和地方环境保护标准的；

⑤国务院批准免税的其他情形。

（2）减征。

第十三条：纳税人排放应税大气污染物或者水污染物的浓度值低于国家和地方规定的污染物排放标准30%的，减按75%征收环境保护税。纳税人排放应税大气污染物或者水污染物的浓度值低于国家和地方规定的污染物排放标准50%的，减按50%征收环境保护税。

## 六、征收管理

（1）纳税义务发生时间。

第十六条：纳税义务发生时间为纳税人排放应税污染物的当日。

（2）纳税申报时限。

第十八条：环境保护税按月计算，按季申报缴纳。不能按固定期限计算缴纳的，可以按次申报缴纳。

第十九条：纳税人应当自季度或者纳税义务发生之日起15日内向税务机关办理纳税申报并缴纳税款。

## 七、举例

（1）水污染物环境保护税计算案例。

**【例】**甲化工厂是环境保护税纳税人，该厂仅有1个污水排放口且直接向黄河排放污水，已安装使用符合国家规定和监测规范的污染物自动监测设备。检测数据显示，2018年1月，该排放口共排放污水50万吨（折合50万立方米），其中，含一类应税污染物浓度分别为：六价铬0.5mg/L，总砷0.6mg/L，总铅

1.0mg/L，总镍1.1mg/L，总铍0.005mg/L，总铬1.5mg/L。二类应税污染物浓度分别为：总氰化物0.5mg/L，硫化物0.025mg/L，氨氮25mg/L，氟化物10mg/L。请计算该化工厂1月应当缴纳的环境保护税？（该厂所在省的水污染物税率为3元/污染当量）

①对应税污染物污染当量进行列表计算。

甲化工厂1月份污染当量计算表

| | 一类污染物 | | | | | 二类污染物 | | | | |
|---|---|---|---|---|---|---|---|---|---|---|
| 一月份排放总量（L） | 名称 | 浓度值 mg/L | 当量值 kg | 污染当量 | 排序 | 名称 | 浓度值 mg/L | 当量值 kg | 污染当量 | 排序 |
| 500000000 | 六价铬 | 0.5 | 0.02 | 12500 | 5 | 总氰化物 | 0.5 | 0.05 | 5000 | 3 |
| | 总砷 | 0.6 | 0.02 | 15000 | 4 | 硫化物 | 0.025 | 0.125 | 100 | 4 |
| | 总铅 | 1 | 0.025 | 20000 | 2 | 氨氮 | 25 | 0.8 | 15625 | 1 |
| | 总镍 | 1.1 | 0.025 | 22000 | 1 | 氟化物 | 10 | 0.5 | 10000 | 2 |
| | 总铍 | 0.005 | 0.01 | 250 | 6 | | | | | |
| | 总铬 | 1.5 | 0.04 | 18750 | 3 | | | | | |
| | 前五项合计 | | | 88250 | | 前三项合计 | | | 30625 | |

②计算污染当量。

六价铬污染当量＝1月份排放总量×浓度值÷当量值＝500000000×0.5÷1000000÷0.02＝12500

一类污染物当量＝∑由大到小前五项应税污染物污染当量数＝总镍当量＋总铅当量＋总铬当量＋总砷当量＋六价铬当量＝22000＋20000＋18750＋15000＋12500＝88250

二类污染物当量＝∑由大到小前三项应税污染物污染当量数＝氨氮当量＋氟化物当量＋总氰化物当量＝15625＋10000＋5000＝30625

排污总当量＝88250＋30625＝118875

（2）大气污染物环境保护税计算案例。

**【例】**乙火力发电厂是环境保护税纳税人，该厂仅有1个废气排放口，已安装使用符合国家规定和监测规范的污染物自动监测设备。检测数据显示，2018年2月，该排放口共排放大气污染物1000万立方米，其中含应税污染物浓度分别为：二氧化硫350mg/$m^3$；汞及其化合物0.1mg/$m^3$；一般性粉尘20mg/$m^3$；氮氧化物 140mg/m³。请计算该火力发电厂 2 月应当缴纳的环境保护税？（该厂所在省的大气污染物税率为 4 元/污染当量）

①对应税污染物排放量进行列表计算。

**乙火力发电厂 2 月份污染当量计算表**

| 2 月份排放总量（$m^3$） | 名称 | 浓度值 $mg/m^3$ | 当量值 kg | 污染当量 | 排序 |
|---|---|---|---|---|---|
| 10000000 | 二氧化硫 | 350 | 0.95 | 3684.21 | 2 |
| | 汞及其化合物 | 0.1 | 0.0001 | 10000 | 1 |
| | 一般性粉尘 | 20 | 4 | 50 | 4 |
| | 氮氧化物 | 140 | 0.95 | 1473.68 | 3 |
| | 前三项合计 | | | 15157.89 | |

②计算污染物当量。

二氧化硫污染当量 = 2 月份排放总量 × 浓度值 ÷ 当量值 = 10000000 × 350 ÷ 1000000（因为 kg）÷ 0.95 = 3684.21

排污总当量 = ∑ 由大到小前三项应税污染物污染当量数 = 汞及其化合物当量 + 二氧化硫当量 + 氮氧化物当量 = 10000 + 3684.21 + 1473.68 = 15157.89

（3）噪声污染环境保护税计算案例。

**【例】** 丙钢铁厂是环境保护税纳税人，已安装使用符合国家规定和监测规范的噪声自动监测设备。检测数据显示，2018 年 3 月，该厂月均工业噪声为 77 分贝，该厂所在区域噪声临界标准为不超过 70 分贝，请问请计算该钢铁厂 3 月应当缴纳的环境保护税？

丙钢铁厂噪声超标数值 = 实际噪声监测值 - 国家排放标准限值 = 77 分贝 - 70 分贝 = 7 分贝

丙钢铁厂噪声应缴纳环保税 = 700 元

# 第十四章　企业重组

## 一、企业重组基本政策

企业重组，是指企业在日常经营活动以外发生的法律结构或经济结构重大改变的交易，包括企业法律形式改变、债务重组、股权收购、资产收购、合并、分立等。

债务重组，是指在债务人发生财务困难的情况下，债权人按照其与债务人达成的书面协议或者法院裁定书，就其债务人的债务作出让步的事项。

股权收购，是指一家企业（以下称为收购企业）购买另一家企业（以下称为被收购企业）的股权，以实现对被收购企业控制的交易。收购企业支付对价的形式包括股权支付、非股权支付或两者的组合。

资产收购，是指一家企业（以下称为受让企业）购买另一家企业（以下称为转让企业）实质经营性资产的交易。受让企业支付对价的形式包括股权支付、非股权支付或两者的组合。

合并，是指一家或多家企业（以下称为被合并企业）将其全部资产和负债转让给另一家现存或新设企业（以下称为合并企业），被合并企业股东换取合并企业的股权或非股权支付，实现两个或两个以上企业的依法合并。

分立，是指一家企业（以下称为被分立企业）将部分或全部资产分离转让给现存或新设的企业（以下称为分立企业），被分立企业股东换取分立企业的股权或非股权支付，实现企业的依法分立。

企业重组的税务处理区分不同条件分别适用一般性税务处理规定和特殊性税务处理规定。

1. 一般性税务处理。

企业债务重组，相关交易应按以下规定处理：

(1) 以非货币资产清偿债务，应当分解为转让相关非货币性资产、按非货币性资产公允价值清偿债务两项业务，确认相关资产的所得或损失。

（2）发生债权转股权的，应当分解为债务清偿和股权投资两项业务，确认有关债务清偿所得或损失。

（3）债务人应当按照支付的债务清偿额低于债务计税基础的差额，确认债务重组所得；债权人应当按照收到的债务清偿额低于债权计税基础的差额，确认债务重组损失。

（4）债务人的相关所得税纳税事项原则上保持不变。

**企业股权收购、资产收购重组交易，相关交易应按以下规定处理：**

（1）被收购方应确认股权、资产转让所得或损失。

（2）收购方取得股权或资产的计税基础应以公允价值为基础确定。

（3）被收购企业的相关所得税事项原则上保持不变。

**企业合并，当事各方应按下列规定处理：**

（1）合并企业应按公允价值确定接受被合并企业各项资产和负债的计税基础。

（2）被合并企业及其股东都应按清算进行所得税处理。

（3）被合并企业的亏损不得在合并企业结转弥补。

**企业分立，当事各方应按下列规定处理：**

（1）被分立企业对分立出去资产应按公允价值确认资产转让所得或损失。

（2）分立企业应按公允价值确认接受资产的计税基础。

（3）被分立企业继续存在时，其股东取得的对价应视同被分立企业分配进行处理。

（4）被分立企业不再继续存在时，被分立企业及其股东都应按清算进行所得税处理。

（5）企业分立相关企业的亏损不得相互结转弥补。

2. 特殊性税务处理。

企业重组同时符合下列条件的，适用特殊性税务处理规定：

（1）具有合理的商业目的，且不以减少、免除或者推迟缴纳税款为主要目的。

（2）被收购、合并或分立部分的资产或股权比例符合本通知规定的比例。

（3）企业重组后的连续 12 个月内不改变重组资产原来的实质性经营活动。

（4）重组交易对价中涉及股权支付金额符合本通知规定比例。

（5）企业重组中取得股权支付的原主要股东，在重组后连续 12 个月内，不得转让所取得的股权。

**企业债务重组：**

确认的应纳税所得额占该企业当年应纳税所得额 50% 以上，可以在 5 个纳税年度的期间内，均匀计入各年度的应纳税所得额。

企业发生债权转股权业务，对债务清偿和股权投资两项业务暂不确认有关债务清偿所得或损失，股权投资的计税基础以原债权的计税基础确定。企业的其他相关所得税事项保持不变。

**股权收购：**

收购企业购买的股权不低于被收购企业全部股权的75%（调整为“股权收购，收购企业购买的股权不低于被收购企业全部股权的50%”），且收购企业在该股权收购发生时的股权支付金额不低于其交易支付总额的85%，可以选择按以下规定处理：

（1）被收购企业的股东取得收购企业股权的计税基础，以被收购股权的原有计税基础确定。

（2）收购企业取得被收购企业股权的计税基础，以被收购股权的原有计税基础确定。

（3）收购企业、被收购企业的原有各项资产和负债的计税基础和其他相关所得税事项保持不变。

**资产收购：**

受让企业收购的资产不低于转让企业全部资产的75%（调整为“资产收购，受让企业收购的资产不低于转让企业全部资产的50%”），且受让企业在该资产收购发生时的股权支付金额不低于其交易支付总额的85%，可以选择按以下规定处理：

（1）转让企业取得受让企业股权的计税基础，以被转让资产的原有计税基础确定。

（2）受让企业取得转让企业资产的计税基础，以被转让资产的原有计税基础确定。

**企业合并：**

企业股东在该企业合并发生时取得的股权支付金额不低于其交易支付总额的85%，以及同一控制下且不需要支付对价的企业合并，可以选择按以下规定处理：

（1）合并企业接受被合并企业资产和负债的计税基础，以被合并企业的原有计税基础确定。

（2）被合并企业合并前的相关所得税事项由合并企业承继。

（3）可由合并企业弥补的被合并企业亏损的限额＝被合并企业净资产公允价值×截至合并业务发生当年年末国家发行的最长期限的国债利率。

（4）被合并企业股东取得合并企业股权的计税基础，以其原持有的被合并企业股权的计税基础确定。

**企业分立：**

被分立企业所有股东按原持股比例取得分立企业的股权，分立企业和被分立企业均不改变原来的实质经营活动，且被分立企业股东在该企业分立发生时取得的股权支付金额不低于其交易支付总额的85%，可以选择按以下规定处理：

（1）分立企业接受被分立企业资产和负债的计税基础，以被分立企业的原有计税基础确定。

（2）被分立企业已分立出去资产相应的所得税事项由分立企业承继。

（3）被分立企业未超过法定弥补期限的亏损额可按分立资产占全部资产的比例进行分配，由分立企业继续弥补。

（4）被分立企业的股东取得分立企业的股权（以下简称“新股”），如需部分或全部放弃原持有的被分立企业的股权（以下简称“旧股”），“新股”的计税基础应以放弃“旧股”的计税基础确定。如不需放弃“旧股”，则其取得“新股”的计税基础可从以下两种方法中选择确定：直接将“新股”的计税基础确定为零；或者以被分立企业分立出去的净资产占被分立企业全部净资产的比例先调减原持有的“旧股”的计税基础，再将调减的计税基础平均分配到“新股”上。

重组交易各方按本条（1）至（5）项规定对交易中股权支付暂不确认有关资产的转让所得或损失的，其非股权支付仍应在交易当期确认相应的资产转让所得或损失，并调整相应资产的计税基础。

非股权支付对应的资产转让所得或损失
=（被转让资产的公允价值－被转让资产的计税基础）
×（非股权支付金额÷被转让资产的公允价值）

## 二、企业改制上市资产评估增值企业所得税相关处理

符合条件的国有企业，其改制上市过程中发生资产评估增值可按以下规定处理：

（1）国有企业改制上市过程中发生的资产评估增值，应缴纳的企业所得税可以不征收入库，作为国家投资直接转增该企业国有资本金（含资本公积，下同），但获得现金及其他非股权对价部分，应按规定缴纳企业所得税。



资产评估增值是指按同一口径计算的评估减值冲抵评估增值后的余额。

（2）国有企业100%控股（控制）的非公司制企业、单位，在改制为公司制企业环节发生的资产评估增值，应缴纳的企业所得税可以不征税入库，作为国家投资直接转增改制后公司制企业的国有资本金。

（3）经确认的评估增值资产，可按评估价值入账并按有关规定计提折旧或摊销，在计算应纳税所得额时允许扣除。

**【政策依据】**

《关于企业改制上市资产评估增值企业所得税处理政策的通知》（财税〔2015〕65号）

## 三、假股权真债权相关规定

《国家税务总局关于企业混合性投资业务企业所得税处理问题的公告》（公告2013年第41号）

1. 企业混合性投资业务，是指兼具权益和债权双重特性的投资业务。（假股权、真债权）同时符合下列条件的混合性投资业务，按本公告进行企业所得税处理：

（1）被投资企业接受投资后，需要按投资合同或协议约定的利率定期支付利息（或定期支付保底利息、固定利润、固定股息，下同）。

（2）有明确的投资期限或特定的投资条件，并在投资期满或者满足特定投资条件后，被投资企业需要赎回投资或偿还本金。

（3）投资企业对被投资企业净资产不拥有所有权。

（4）投资企业不具有选举权和被选举权。

（5）投资企业不参与被投资企业日常生产经营活动。

2. 符合本公告第一条规定的混合性投资业务，按下列规定进行企业所得税处理：

（1）对于被投资企业支付的利息，投资企业应于被投资企业应付利息的日期，确认收入的实现并计入当期应纳税所得额；被投资企业应于应付利息的日期，确认利息支出，并按税法和《国家税务总局关于企业所得税若干问题的公告》（2011年第34号）第一条的规定，（限定的税率：非金融企业向非金融企业借款的利息支出，不超过按照金融企业同期同类贷款利率计算的数额的部分，准予税前扣除。）进行税前扣除。

（2）对于被投资企业赎回的投资（本金），投资双方应于赎回时将赎价与投资成本之间的差额确认为债务重组损益，分别计入当期应纳税所得额。

## 四、债转股政策解读

甲公司欠乙公司货款230万元，因甲公司财务上出现困难，近日与乙公司协商，以甲公司所欠货款转为甲公司股本的方式进行债务重组。甲公司以 80 万股抵偿该项债务，每股公允价值 2.4 元，股权变更登记手续已办理完毕。甲公司对该笔业务如何进行税务处理？

企业重组的税务处理区分不同条件分别适用一般性税务处理规定和特殊性税务处理规定。适用一般性税务处理时，发生债权转股权的，应当分解为债务清偿和股权投资两项业务，确认有关债务清偿所得或损失。如甲公司适用一般性税务处理，应确认债务清偿所得 $=230-80\times2.4=38$（万元）。进行特殊税务处理时，企业发生债权转股权业务，对债务清偿和股权投资两项业务暂不确认有关债务清偿所得或损失，股权投资的计税基础以原债权的计税基础确定。企业的其他相关所得税事项保持不变。但是，根据财税〔2009〕59 号文件规定，甲公司该业务只有同时符合下列条件，才能适用特殊性税务处理规定：具有合理的商业目的，且不以减少、免除或者推迟缴纳税款为主要目的；企业重组后的连续 12 个月内不改变重组资产原来的实质性经营活动；企业重组中取得股权支付的原主要股东，在重组后连续 12 个月内，不得转让所取得的股权。根据财税〔2009〕59 号文件及《国家税务总局关于发布〈企业重组业务企业所得税管理办法〉的公告》（国家税务总局公告 2010 年第 4 号）规定，甲公司债转股选择特殊性税务处理时，应注意三点：一是要按规定备案。甲公司应在 2010 年企业所得税年度申报时，向主管税务机关提交书面备案资料，证明其符合特殊性税务处理的条件。二是按规定准备总体情况说明。应包括债务重组的商业目的；双方所签订的债转股合同或协议；企业所转换的股权公允价格证明；工商部门及有关部门核准相关企业股权变更事项证明材料；税务机关要求提供的其他资料证明。三是企业重组发生改变应及时调整税务处理。甲公司与乙公司一方在规定时间内发生生产经营业务、公司性质、资产或股权结构等情况变化，致使重组业务不再符合特殊性税务处理条件的，发生变化的当事方应在情况发生变化的 30 天内书面通知其他所有当事方。主导方在接到通知后 30 日内将有关变化通知其主管税务机关。情况发生变化后 60 日内，应按照一般性税务处理规定调整重组业务的税务处理。

## 五、企业改制重组是否缴纳土地增值税

1. 按照《中华人民共和国公司法》的规定，非公司制企业整体改制为有限责任公司或者股份有限公司，有限责任公司（股份有限公司）整体改制为股份有限公司（有限责任公司），对改制前的企业将国有土地使用权、地上的建筑物及其附着物（以下称房地产）转移、变更到改制后的企业，暂不征土地增值税。

本通知所称整体改制是指不改变原企业的投资主体，并承继原企业权利、义务的行为。

2. 按照法律规定或者合同约定，两个或两个以上企业合并为一个企业，且原企业投资主体存续的，对原企业将房地产转移、变更到合并后的企业，暂不征土地增值税。

3. 按照法律规定或者合同约定，企业分设为两个或两个以上与原企业投资主体相同的企业，对原企业将房地产转移、变更到分立后的企业，暂不征土地增值税。

4. 单位、个人在改制重组时以房地产作价入股进行投资，对其将房地产转移、变更到被投资的企业，暂不征土地增值税。

5. 上述改制重组有关土地增值税政策不适用于房地产转移任意一方为房地产开发企业的情形。

6. 企业改制重组后再转让国有土地使用权并申报缴纳土地增值税时，应以改制前取得该宗国有土地使用权所支付的地价款和按国家统一规定缴纳的有关费用，作为该企业“取得土地使用权所支付的金额”扣除。企业在改制重组过程中经省级以上（含省级）国土管理部门批准，国家以国有土地使用权作价出资入股的，再转让该宗国有土地使用权并申报缴纳土地增值税时，应以该宗土地作价入股时省级以上（含省级）国土管理部门批准的评估价格，作为该企业“取得土地使用权所支付的金额”扣除。办理纳税申报时，企业应提供该宗土地作价入股时省级以上（含省级）国土管理部门的批准文件和批准的评估价格，不能提供批准文件和批准的评估价格的，不得扣除。

7. 企业在申请享受上述土地增值税优惠政策时，应向主管税务机关提交房地产转移双方营业执照、改制重组协议或等效文件，相关房地产权属和价值证明、转让方改制重组前取得土地使用权所支付地价款的凭据（复印件）等书面材料。

**【政策依据】**

《关于继续实施企业改制重组有关土地增值税政策的通知》（财税〔2018〕57 号）

## 六、企业改制重组是否缴纳契税

《关于继续支持企业、事业单位改制重组有关契税政策的通知》（财税〔2018〕17 号）

1. 企业改制。

企业按照《中华人民共和国公司法》有关规定整体改制，包括非公司制企业改制为有限责任公司或股份有限公司，有限责任公司变更为股份有限公司，股份有限公司变更为有限责任公司，原企业投资主体存续并在改制（变更）后的公司中所持股权（股份）比例超过75%，且改制（变更）后公司承继原企业权利、义务的，对改制（变更）后公司承受原企业土地、房屋权属，免征契税。

2. 事业单位改制。

事业单位按照国家有关规定改制为企业，原投资主体存续并在改制后企业中出资（股权、股份）比例超过50%的，对改制后企业承受原事业单位土地、房屋权属，免征契税。

3. 公司合并。

两个或两个以上的公司，依照法律规定、合同约定，合并为一个公司，且原投资主体存续的，对合并后公司承受原合并各方土地、房屋权属，免征契税。

4. 公司分立。

公司依照法律规定、合同约定分立为两个或两个以上与原公司投资主体相同的公司，对分立后公司承受原公司土地、房屋权属，免征契税。

5. 企业破产。

企业依照有关法律法规规定实施破产，债权人（包括破产企业职工）承受破产企业抵偿债务的土地、房屋权属，免征契税；对非债权人承受破产企业土地、房屋权属，凡按照《中华人民共和国劳动法》等国家有关法律法规政策妥善安置原企业全部职工规定，与原企业全部职工签订服务年限不少于三年的劳动用工合同的，对其承受所购企业土地、房屋权属，免征契税；与原企业超过30%的职工签订服务年限不少于三年的劳动用工合同的，减半征收契税。

6. 资产划转。

对承受县级以上人民政府或国有资产管理部门按规定进行行政性调整、划转国有土地、房屋权属的单位，免征契税。

同一投资主体内部所属企业之间土地、房屋权属的划转，包括母公司与其全资子公司之间，同一公司所属全资子公司之间，同一自然人与其设立的个人独资企业、一人有限公司之间土地、房屋权属的划转，免征契税。

母公司以土地、房屋权属向其全资子公司增资，视同划转，免征契税。

7. 债权转股权。

经国务院批准实施债权转股权的企业，对债权转股权后新设立的公司承受原企业的土地、房屋权属，免征契税。

8. 划拨用地出让或作价出资。

以出让方式或国家作价出资（入股）方式承受原改制重组企业、事业单位划拨用地的，不属上述规定的免税范围，对承受方应按规定征收契税。

9. 公司股权（股份）转让。

在股权（股份）转让中，单位、个人承受公司股权（股份），公司土地、房屋权属不发生转移，不征收契税。

## 七、企业资产重组中涉及的货物、不动产、土地使用权的转让是否缴纳增值税

《国家税务总局关于纳税人资产重组有关增值税问题的公告》（公告 2011 年第 13 号）

纳税人在资产重组过程中，通过合并、分立、出售、置换等方式，将全部或者部分实物资产以及与其相关联的债权、负债和劳动力一并转让给其他单位和个人，不属于增值税的征税范围，其中涉及的货物转让，不征收增值税。

本公告自 2011 年 3 月 1 日起执行。此前未作处理的，按照本公告的规定执行。

《国家税务总局关于纳税人资产重组有关增值税问题的公告》（公告 2013 年第 66 号）

纳税人在资产重组过程中，通过合并、分立、出售、置换等方式，将全部或者部分实物资产以及与其相关联的债权、负债经多次转让后，最终的受让方与劳动力接收方为同一单位和个人的，仍适用《国家税务总局关于纳税人资产重组有关增值税问题的公告》（国家税务总局公告 2011 年第 13 号）的相关规定，其中货物的多次转让行为均不征收增值税。

资产的出让方需将资产重组方案等文件资料报其主管税务机关。

《关于全面推开营业税改征增值税试点的通知》（财税〔2016〕36 号）附件 2

在资产重组过程中，通过合并、分立、出售、置换等方式，将全部或者部分实物资产以及与其相关联的债权、负债和劳动力一并转让给其他单位和个人，其中涉及的不动产、土地使用权转让行为。

## 八、企业改制过程中如何缴纳印花税

1. 关于资金账簿的印花税。

（1）实行公司制改造的企业在改制过程中成立的新企业（重新办理法人登记的），其新启用的资金账簿记载的资金或因企业建立资本纽带关系而增加的资

金，凡原已贴花的部分可不再贴花，未贴花的部分和以后新增加的资金按规定贴花。

公司制改造包括国有企业依《公司法》整体改造成国有独资有限责任公司；企业通过增资扩股或者转让部分产权，实现他人对企业的参股，将企业改造成有限责任公司或股份有限公司；企业以其部分财产和相应债务与他人组建新公司；企业将债务留在原企业，而以其优质财产与他人组建的新公司。

（2）以合并或分立方式成立的新企业，其新启用的资金账簿记载的资金，凡原已贴花的部分可不再贴花，未贴花的部分和以后新增加的资金按规定贴花。

合并包括吸收合并和新设合并。分立包括存续分立和新设分立。

（3）企业债权转股权新增加的资金按规定贴花。

（4）企业改制中经评估增加的资金按规定贴花。

（5）企业其他会计科目记载的资金转为实收资本或资本公积的资金按规定贴花。

2. 关于各类应税合同的印花税。

企业改制前签订但尚未履行完的各类应税合同，改制后需要变更执行主体的，对仅改变执行主体、其余条款未作变动且改制前已贴花的，不再贴花。

3. 关于产权转移书据的印花税。

企业因改制签订的产权转移书据免予贴花。

# 第十五章　研发费加计扣除专题

## 一、研发费用加计扣除概述

《企业所得税法》第三十条：企业的下列支出，可以在计算应纳税所得额时加计扣除：开发新技术、新产品、新工艺发生的研究开发费用。

《企业所得税法实施条例》：加计扣除，是指企业为开发新技术、新产品、新工艺发生的研究开发费用，未形成无形资产计入当期损益的，在按照规定据实扣除的基础上，按照研究开发费用的50%加计扣除；形成无形资产的，按照无形资产成本的150%摊销。

**注：**研发活动产生研发费用，所以能否加计扣除先判断研发活动是否符合规定，企业自己判定或税局转请科技厅判定（依据都为下列政策）。

《关于完善研究开发费用税前加计扣除政策的通知》（财税〔2015〕119号）研发活动，是指企业为获得科学与技术新知识，创造性运用科学技术新知识，或实质性改进技术、产品（服务）、工艺而持续进行的具有明确目标的系统性活动。

**注：**创造性运用指的是买来的专利等技术进行二次研发，买来即用的不可。此三点为科技厅鉴定时的内容之一。

下列活动不适用税前加计扣除政策。

1. 企业产品（服务）的常规性升级。

**注：**根据耗用的人力物力等因素可自行判断，是否实质性创新。

2. 对某项科研成果的直接应用，如直接采用公开的新工艺、材料、装置、产品、服务或知识等。

**注：**应为创造性运用科学技术新知识，如买来进行二次开发的可以。

3. 企业在商品化后为顾客提供的技术支持活动 。

4. 对现存产品、服务、技术、材料或工艺流程进行的重复或简单改变。

5. 市场调查研究、效率调查或管理研究。

6. 作为工业（服务）流程环节或常规的质量控制、测试分析、维修维护。

7. 社会科学、艺术或人文学方面的研究。

2017 年 40 号公告：失败的研发活动所发生的研发费用可享受税前加计扣除政策。

不适用税前加计扣除政策的行业有：

①烟草制造业。②住宿和餐饮业。③批发和零售业。④房地产业。⑤租赁和商务服务业。⑥娱乐业。⑦财政部和国家税务总局规定的其他行业。

上述行业以《国民经济行业分类与代码（GB/4754—2011)》为准，并随之更新。

2015 年 97 号《通知》中不适用税前加计扣除政策行业的企业，是指以《通知》所列行业业务为主营业务，其研发费用发生当年的主营业务收入占企业按税法第六条规定计算的收入总额减除不征税收入和投资收益的余额 50%（不含）以上的企业。

企业开展研发活动中实际发生的研发费用允许加计扣除。

**注：**清楚了研发活动定义后，技术部首先作出判断，将不符合定义要求的研发活动及其费用单列，统计好后递交给财务做专账及辅助账的核算（专账根据会计准则不用剔除不征税收入对应的项目等项目，辅助账根据税法要求需剔除，根据管理要求及上市要求应按会计准则进行专账核算，根据税法要求进行辅助账核算，若无大影响尽量靠近税法口径进行会计核算，减少税会差异及后期工作量）。

## 二、研发费归集各费用详解及注意事项

1. 人员人工费用——2015 年 119 号通知。

直接从事研发活动人员的工资薪金、基本养老保险费、基本医疗保险费、失业保险费、工伤保险费、生育保险费和住房公积金，以及外聘研发人员的劳务费用。

**注：**直接从事的，那间接从事的可以吗？如技术管理人员，如委外后技术洽谈沟通人员，辅助账填表说明上间接从事的可以计入直接投入费用、新产品设计费等，但需谨慎。

劳务派遣的费用可以加计吗？直接发放给个人的作为工资薪金可以加计，发给劳务派遣单位的呢？

2017 年 40 号公告：直接从事研发活动人员包括研究人员、技术人员、辅助人员。研究人员是指主要从事研究开发项目的专业人员；技术人员是指具有工程技术、自然科学和生命科学中一个或一个以上领域的技术知识和经验，在研究人

员指导下参与研发工作的人员；辅助人员是指参与研究开发活动的技工。外聘研发人员是指与本企业或劳务派遣企业签订劳务用工协议（合同）和临时聘用的研究人员、技术人员、辅助人员。

**注：**辅助人员不应包括为研发活动从事后勤服务的人员——2015 年 97 号公告解读。

接受劳务派遣的企业按照协议（合同）约定支付给劳务派遣企业，且由劳务派遣企业实际支付给外聘研发人员的工资薪金等费用，属于外聘研发人员的劳务费用。

2017 年 40 号公告：解读《国家税务总局关于企业工资薪金和职工福利费等支出税前扣除问题的公告》（国家税务总局公告 2015 年第 34 号），将劳务派遣分为两种形式，并分别适用不同的税前扣除规定：一种是按照协议（合同）约定直接支付给劳务派遣公司的费用作为劳务费支出在税前扣除，另一种是直接支付给员工个人的费用作为工资薪金和职工福利费支出在税前扣除。在 97 号公告规定的框架下，直接支付给员工个人的工资薪金属于人员人工费用范围，可以加计扣除。而直接支付给劳务派遣公司的费用，各地理解和执行不一。考虑到直接支付给员工个人和支付给劳务派遣公司，仅是支付方式不同，并未改变企业劳务派遣用工的实质，为体现税收公平，公告明确外聘研发人员包括与劳务派遣公司签订劳务用工协议（合同）的形式，将按照协议（合同）约定直接支付给劳务派遣公司，且由劳务派遣公司实际支付给研发人员的工资薪金等，纳入加计扣除范围。

工资薪金包括按规定可以在税前扣除的对研发人员股权激励的支出。

**注：**2017 年 40 号公告解读——股权激励支出需要符合国家税务总局公告 2012 年第 18 号规定的条件。

直接从事研发活动的人员、外聘研发人员同时从事非研发活动的，企业应对其人员活动情况做必要记录，并将其实际发生的相关费用按实际工时占比等合理方法在研发费用和生产经营费用间分配，未分配的不得加计扣除。

**注：**首先，技术部确定好符合条件的研发活动后，根据立项书中确定的研发人员及实际研发人员情况，确定哪些符合研发人员定义，符合一定条件的研发人员，与其相关的费用才允许加计，确定好人员及工时等有关情况后将情况提交给人资部，人资部分好类别填好备注，进行工资单的编制，工资发放清单严格按照技术部门提供的人员登记，并与项目立项书中的研发人员进行核对，有出入者技术提供情况说明，工资发放清单上研发人员所属部门及岗位要与研发人员职能相符，最后交由财务部门进行分摊核算。

其次，研发人员的工资保险归集必须是实际发放，计提未发放的不允许归集。

最后，若人员在生产与研发或研发项目之间有交叉的，需要按照工时等方法进行费用分摊。

2. 直接投入费用——2015 年 119 号通知。

（1）研发活动直接消耗的材料、燃料和动力费用。

**注：**各项研发费用的计提比例需谨慎，尤其材料比例过高需进行解释，是否有废料的、样品样机的产生及收入的实现。

原材料以领料单（需注明领用的研发项目）作为有效凭证，燃料动力等以分配表作为有效凭证。

（2）用于中间试验和产品试制的模具、工艺装备开发及制造费，不构成固定资产的样品、样机及一般测试手段购置费，试制产品的检验费。

（3）用于研发活动的仪器、设备的运行维护、调整、检验、维修等费用，以及通过经营租赁方式租入的用于研发活动的仪器、设备租赁费。

2017 年 40 号公告：

（1）以经营租赁方式租入的用于研发活动的仪器、设备，同时用于非研发活动的，企业应对其仪器设备使用情况做必要记录，并将其实际发生的租赁费按实际工时占比等合理方法在研发费用和生产经营费用间分配，未分配的不得加计扣除。

（2）企业研发活动直接形成产品或作为组成部分形成的产品对外销售的，研发费用中对应的材料费用不得加计扣除。产品销售与对应的材料费用发生在不同纳税年度且材料费用已计入研发费用的，可在销售当年以对应的材料费用发生额直接冲减当年的研发费用，不足冲减的，结转以后年度继续冲减。

**注：**如 2016 年投入材料 100 万元，年底完工，2017 年无再研发项目，2017 年卖出，在销售的 2017 年以对应的 2016 年 100 万元材料费冲减 2017 年的研发费，2017 年无研发费，或只有 10 万元，那结转至以后年度发生研发费时再冲减，若 2018 年研发费发生 80 万元，冲 80 万元后剩 20 万元再结转。

2017 年 40 号公告：企业取得研发过程中形成的下脚料、残次品、中间试制品等特殊收入，在计算确认收入当年的加计扣除研发费用时，应从已归集研发费用中扣减该特殊收入，不足扣减的，加计扣除研发费用按零计算。

**注：**实际操作中，一个研发团队会完成多个研发项目，研发领料亦是同时领用且材料共用，在这种情况下，需要找到合理的依据，将归集的研发费用在研发项目间分配。

3. 折旧费用——2015 年 119 号。

用于研发活动的仪器、设备的折旧费。

**注：**房屋的折旧费或租赁费不允许加计扣除，加速折旧的处理及多用途对象如何归集

2017年40号公告：

（1）用于研发活动的仪器、设备，同时用于非研发活动的，企业应对其仪器设备使用情况做必要记录，并将其实际发生的折旧费按实际工时占比等合理方法在研发费用和生产经营费用间分配，未分配的不得加计扣除。

（2）企业用于研发活动的仪器、设备，符合税法规定且选择加速折旧优惠政策的，在享受研发费用税前加计扣除政策时，就税前扣除的折旧部分计算加计扣除。

**注：**无论会计如何核算，税法享受了加速优惠政策，按税法扣除的金额进行加计，税法未享受，那只能按会计金额加计了。

4. 无形资产摊销。

用于研发活动的软件、专利权、非专利技术（包括许可证、专有技术、设计和计算方法等）的摊销费用。

**注：**用于指的是研发用的软件专利等无形资产，不是指的研发出来的。

2017年40号公告：

（1）用于研发活动的无形资产，同时用于非研发活动的，企业应对其无形资产使用情况做必要记录，并将其实际发生的摊销费按实际工时占比等合理方法在研发费用和生产经营费用间分配，未分配的不得加计扣除。

（2）用于研发活动的无形资产，符合税法规定且选择缩短摊销年限的，在享受研发费用税前加计扣除政策时，就税前扣除的摊销部分计算加计扣除。

**注：**加速摊销与加速折旧原则一致。

2017年40号公告：企业开展研发活动中实际发生的研发费用形成无形资产的，其资本化的时点与会计处理保持一致。

5. 新产品设计费、新工艺规程制定费、新药研制的临床试验费、勘探开发技术的现场试验费。

2015年97号公告：指企业在新产品设计、新工艺规程制定、新药研制的临床试验、勘探开发技术的现场试验过程中发生的与开展该项活动有关的各类费用。

6. 其他相关费用。

2017年40号公告：指与研发活动直接相关的其他费用，如技术图书资料费，资料翻译费，专家咨询费，高新科技研发保险费，研发成果的检索、分析、评

议、论证、鉴定、评审、评估、验收费用，知识产权的申请费，注册费，代理费，差旅费，会议费，职工福利费，补充养老保险费，补充医疗保险费。此类费用总额不得超过可加计扣除研发费用总额的10%。

**注：**此项费用经请示总局属于正列举范围，此范围外的任何其他费用均不得加计扣除。

2015年97号公告：企业在一个纳税年度内进行多项研发活动的，应按照不同研发项目分别归集可加计扣除的研发费用。在计算每个项目其他相关费用的限额时应当按照以下公式计算：

其他相关费用限额
=《通知》第一条第一项允许加计扣除的研发费用中的第1项至第5项的费用之和×10%/(1－10%)

**注：**限额不含委外，委外属于通知第二条；且汇缴申报表中也是此口径。

X≤(1至5项之和+第六项X)×10%推出以上公式。

当其他相关费用实际发生数小于限额时，按实际发生数计算税前加计扣除数额；当其他相关费用实际发生数大于限额时，按限额计算税前加计扣除数额。

7. 财政部和国家税务总局规定的其他费用。

特殊事项：委外研发——2015年119号。

企业委托外部机构或个人进行研发活动所发生的费用，按照费用实际发生额的80%计入委托方研发费用并计算加计扣除，受托方不得再进行加计扣除。委托外部研究开发费用实际发生额应按照独立交易原则确定。

委托方与受托方存在关联关系的，受托方应向委托方提供研发项目费用支出明细情况。

2017年40号公告：国家税务总局公告2015年第97号第三条所称“研发活动发生费用”是指委托方实际支付给受托方的费用。无论委托方是否享受研发费用税前加计扣除政策，受托方均不得加计扣除。

**注：**之前要求按照受托方提供给委托方项目支出明细金额，现在要求按照委托方实际支付给受托方的费用。

委托方委托关联方开展研发活动的，受托方需向委托方提供研发过程中实际发生的研发项目费用支出明细情况。

2017年40号公告解读。例如，A企业2017年委托其B关联企业研发，假设该研发符合研发费用加计扣除的相关条件。A企业支付给B企业100万元。B企业实际发生费用90万元（其中按可加计扣除口径归集的费用为85万元），利润

10 万元。2017 年，A 企业可加计扣除的金额为 100×80%×50%=40 万元，B 企业应向 A 企业提供实际发生费用 90 万元的明细情况。

企业委托境外机构或个人进行研发活动所发生的费用，不得加计扣除。

**注：**高企认定委托境外研发的，不超过总研发费用的 40%。

委托个人研发的，应凭个人出具的发票等合法有效凭证在税前加计扣除——2015 年 97 号。

企业共同合作开发的项目，由合作各方就自身实际承担的研发费用分别计算加计扣除。

企业集团根据生产经营和科技开发的实际情况，对技术要求高、投资数额大、需要集中研发的项目，其实际发生的研发费用，可以按照权利和义务相一致、费用支出和收益分享相配比的原则，合理确定研发费用的分摊方法，在受益成员企业间进行分摊，由相关成员企业分别计算加计扣除。

企业为获得创新性、创意性、突破性的产品进行创意设计活动而发生的相关费用，可按照本通知规定进行税前加计扣除。

创意设计活动是指多媒体软件、动漫游戏软件开发，数字动漫、游戏设计制作；房屋建筑工程设计（绿色建筑评价标准为三星）、风景园林工程专项设计；工业设计、多媒体设计、动漫及衍生产品设计、模型设计等。

**政府补助：**

2017 年 40 号公告：企业取得的政府补助，会计处理时采用直接冲减研发费用方法且税务处理时未将其确认为应税收入的，应按冲减后的余额计算加计扣除金额。

2015 年 97 号公告：

财政性资金的处理。企业取得作为不征税收入处理的财政性资金用于研发活动所形成的费用或无形资产，不得计算加计扣除或摊销。

**注：**建议做征税收入处理，可加计扣除。走递延收益后调增应纳税所得额，发生费用后调减营业外收入，费用可扣而且可加扣。

## 三、会计核算与管理

财税〔2015〕119 号通知：企业应按照国家财务会计制度要求，对研发支出进行会计处理；同时，对享受加计扣除的研发费用按研发项目设置辅助账（详见辅助账附表），准确归集核算当年可加计扣除的各项研发费用实际发生额。企业在一个纳税年度内进行多项研发活动的，应按照不同研发项目分别归集可加计扣除的研发费用。

**注**：会计处理按照财企 2007 年 194 号文的规定核算，其中房屋折旧租赁费、办公费、培训费等费用可以在会计核算中体现，只是税法不允许加计而已。税会差异。

企业应对研发费用和生产经营费用分别核算，准确、合理归集各项费用支出，对划分不清的，不得实行加计扣除。国税总局 2015 年 97 号公告：研发项目立项时应设置研发支出辅助账，由企业留存备查；年末汇总分析填报研发支出辅助账汇总表，并在报送《年度财务会计报告》的同时随附注一并报送主管税务机关。研发支出辅助账、研发支出辅助账汇总表可参照本公告所附样式（见附件）编制。

**注**：按照会计准则的原则，在不影响内部管理及上市要求的前提下财务核算应靠近税务要求，按照税法研发费归集的口径设立科目，尽量靠近辅助账设置的科目，方便，减少辅助账设立的工作量。

科目设置如下：研发支出—资本性支出（费用化支出）—人员人工—工资薪金—项目 1，月末费用化支出转入管理费用。

严格按照项目的执行期归集费用，如有变更，及时办理相应手续。

## 四、优惠事项备案等相关要求

财税〔2015〕119 号通知适用于会计核算健全、实行查账征收并能够准确归集研发费用的居民企业。企业符合本通知规定的研发费用加计扣除条件而在 2016 年 1 月 1 日以后未及时享受该项税收优惠的，可以追溯享受并履行备案手续，追溯期限最长为 3 年。

2017 年 40 号公告：

八、执行时间和适用对象本公告适用于 2017 年度及以后年度汇算清缴。

以前年度已经进行税务处理的不再调整。涉及追溯享受优惠政策情形的，按照本公告的规定执行。科技型中小企业研发费用加计扣除事项按照本公告执行。

**解读**：在执行时间上，公告适用于 2017 年度及以后年度汇算清缴。本着保护纳税人权益、降低税务风险的考虑，明确对以前年度已经进行税务处理的，均不再调整。财税〔2015〕119 号文件中明确了研发费用加计扣除政策可以追溯享受。由于本公告放宽了部分政策口径，本着有利追溯的原则，对企业涉及追溯享受情形的，也可以按照本公告规定执行。从适用对象上讲，科技型中小企业研发费用加计扣除事项也应适用本公告。



国家税务总局 2015 年 97 号公告申报及备案管理。

（1）企业年度纳税申报时，根据研发支出辅助账汇总表填报研发项目可加计扣除研发费用情况归集表（见附件），在年度纳税申报时随申报表一并报送（此处已随着申报表的变化而进行了删除）。

（2）研发费用加计扣除实行备案管理，除“备案资料”和“主要留存备查资料”按照本公告规定执行外，其他备案管理要求按照《国家税务总局关于发布〈企业所得税优惠政策事项办理办法〉的公告》（国家税务总局公告 2015 年第 76 号）的规定执行。

（3）企业应当不迟于年度汇算清缴纳税申报时，向税务机关报送《企业所得税优惠事项备案表》和研发项目文件完成备案，并将下列资料留存备查：

①自主、委托、合作研究开发项目计划书和企业有权部门关于自主、委托、合作研究开发项目立项的决议文件；

②自主、委托、合作研究开发专门机构或项目组的编制情况和研发人员名单；

③经科技行政主管部门登记的委托、合作研究开发项目的合同；

**注：**2015 年 97 号公告解读根据《技术合同认定登记管理办法》（国科发政字〔2000〕63 号）第六条规定，未申请认定登记和未予登记的技术合同，不得享受国家对有关促进科技成果转化规定的税收、信贷和奖励等方面的优惠政策。据此，涉及委托、合作研究开发的合同需经科技主管部门登记，该资料需要留存备查。

④从事研发活动的人员和用于研发活动的仪器、设备、无形资产的费用分配说明（包括工作使用情况记录）；

⑤集中研发项目研发费决算表、集中研发项目费用分摊明细情况表和实际分享收益比例等资料；

⑥“研发支出”辅助账；

⑦企业如果已取得地市级（含）以上科技行政主管部门出具的鉴定意见，应作为资料留存备查；

⑧省税务机关规定的其他资料。

## 五、风险防范

财税〔2015〕119 号：税务部门应加强研发费用加计扣除优惠政策的后续管理，定期开展核查，年度核查面不得低于 20%。

税务机关对企业享受加计扣除优惠的研发项目有异议的，可以转请地市级（含）以上科技行政主管部门出具鉴定意见，科技部门应及时回复意见。企业承担省部级（含）以上科研项目的，以及以前年度已鉴定的跨年度研发项目，不再需要鉴定。

《关于印发〈河北省企业研究开发费用税前加计扣除项目鉴定办法〉的通知》（冀科政〔2016〕22号）

第五条　鉴定内容

1. 该项目开展的研究开发活动是否属于《通知》所称“研发活动”：

（1）企业为获得科学与技术新知识而持续进行的具有明确目标的系统性活动。

（2）企业创造性运用科学技术新知识而持续进行的具有明确目标的系统性活动。

（3）企业实质性改进技术、产品（服务）、工艺而持续进行的具有明确目标的系统性活动。

2. 该项目开展的活动是否不属于下列“活动负面清单”：

（1）企业产品（服务）的常规性升级。

（2）对某项科研成果的直接应用，如直接采用公开的新工艺、材料、装置、产品、服务或知识等。

（3）企业在商品化后为顾客提供的技术支持活动。

（4）对现存产品、服务、技术、材料或工艺流程进行的重复或简单改变。

（5）市场调查研究、效率调查或管理研究。

**注：**国标行标的制定属于研发费可加计范围吗。

（6）作为工业（服务）流程环节或常规的质量控制、测试分析、维修维护。

（7）社会科学、艺术或人文学方面的研究。

3. 从研究开发角度判断该项目费用投入是否合理。

省、市科学技术行政主管部门组织有关专家或委托第三方专业机构负责鉴定时，仅对项目研发费用支出的合理性进行定性判断。

4. 主管税务机关要求的其他事项。

《关于进一步做好企业研发费用加计扣除政策落实工作的通知》（国科发政〔2017〕211号）

（1）事中异议项目鉴定。

**注：**对企业无把握的研发项目，为了不违背事前审批的规定，建议企业申报后立即请税局转请科技厅做鉴定。

（2）事后核查异议项目鉴定。

**注：**企业根据税局异议后的转请办法及鉴定方法，提前自己做鉴定，是否属于研发活动，是否负面清单，项目投入是否合理。



鉴定表关注项目的起止时间、总预算、年度预算。